Jesús
¿realidad
o ficción?

John Dickson

Editorial CLIE
www.clie.es

EDITORIAL CLIE
C/ Ferrocarril, 8
08232 VILADECAVALLS
(Barcelona) ESPAÑA
E-mail: clie@clie.es
http://www.clie.es

Publicado originalmente en inglés por The Good Book
Company, bajo el título *Is Jesus History?* por John Dickson.
© 2019 por John Dickson.
Traducido y publicado con permiso de The Good Book
Company.

JESÚS ¿REALIDAD O FICCIÓN?
ISBN: 978-84-18204-02-9
Depósito Legal: B 11883-2021
Teología cristiana
Apologética
Referencia: 225144

Impreso en Estados Unidos de América / *Printed in the United States of America*

Acerca del autor

John Dickson es Licenciado en teología, Doctor en filosofía y juez de paz.

John comenzó su carrera como letrista profesional de canciones, pero ahora trabaja como escritor, conferenciante, historiador y presentador de medios. Es autor de más de quince libros y presentador de tres documentales televisivos sobre la historia del cristianismo. Entre 2007 y 2017 Fue director fundador del Australia's Centre for Public Christianity.

Imparte un curso sobre los orígenes del cristianismo en la Universidad de Sídney y es Distinguished Fellow y Senior Lecturer in Public Christianity en el Ridley College, Melbourne. Es académico visitante en la Facultad de clásicos de la Universidad de Oxford (2017-2020), donde investiga el uso de la mnemotecnia en la educación del mundo antiguo.

En todo lo que hace John se esfuerza por abogar públicamente por la fe cristiana en una época de escepticismo. John, que cuando era pequeño perdió a su padre en un accidente aéreo, siempre ha sentido afinidad por las preguntas y las dudas más profundas de nuestro mundo. John vive en Sídney y valora a su esposa y a sus tres hijos por encima de cualquier otra cosa en su vida.

Este libro es una justificación clara, realista y amena para tener fe en el Jesús histórico. Está actualizado con la información académica más reciente, pero no confunde al lector con argumentos innecesarios. Lo recomiendo sinceramente.

Alanna Nobbs, profesora emérita
Departmento de Historia Antigua, Macquarie University, Sídney

John Dickson examina las evidencias históricas de Jesús haciendo uso de su claridad característica y sus excelentes conocimientos. Su estilo accesible y sus fuentes actualizadas convierten este libro en una lectura obligatoria para todos los que investiguen seriamente la figura de Jesús.

Dra. Amy Orr-Ewing
Directora de The Ofxord Centre for Christian Apologetics

En *Jesús, ¿realidad o ficción?*, un historiador nos desvela una visión panorámica de la historia como disciplina y compara lo que sabemos de Jesús con otros materiales antiguos. Se trata de un viaje fascinante que también descubre qué dicen las fuentes antiguas sobre Jesús frente a las objeciones de quienes afirman que no existió o que podemos saber pocas cosas de él. Esta lectura es un viaje muy aconsejable. Es muy posible que te lleve a pensar de una forma muy distinta sobre acontecimientos del pasado remoto que siguen influyendo en nuestro mundo actual.

Darrell Bock, Senior Research Professor,
Dallas Theological Seminary, Estados Unidos

Jesús, ¿realidad o ficción? es un libro breve y provocador. El estilo de John Dickson es atractivo y personal; a medida que vayas leyendo, podrás imaginar que estás tomándote un café (o una cerveza) con él y riéndoos de las idiosincrasias propias del campo de los estudios bíblicos, apreciando al mismo tiempo el trabajo que hacen los expertos. La verdad es que este libro trasluce un profundo respeto por los eruditos, de modo que sirve para explicar el estado actual de los debates dentro de este ámbito, que podrían complicar el concepto del lector medio sobre quién pudo ser Jesús de Nazaret. Los resúmenes que hace Dickson de las sorprendentes preguntas que ha formulado la gente sobre Jesús son científicos y convincentes, e invitan al lector a replantearse las cosas que daba por hechas y a reencontrar al Jesús histórico en el Jesús de la Biblia.

Mariam J. Kovalishyn
Regent College, Vancouver

Esta es una introducción eminentemente amena y relevante que desmonta muchas malas interpretaciones sobre los relatos de Jesús en los Evangelios.

Dr. David Wenham
Wycliffe Hall, Oxford

John Dickson combina una erudición de alto nivel con un estilo ameno y conversacional para exponer las evidencias antiguas que rodean al Jesús histórico. *Jesús, ¿realidad o ficción?* compara nuestra manera de confiar en las cosas que nos dicen nuestra familia, nuestros amigos y las diferentes fuentes de noticias con nuestro modo de fiarnos de testimonios antiguos de todo tipo, incluyendo la *Retórica* de Aristóteles, el Evangelio de Lucas y la sexta carta de Plinio el Joven sobre la erupción del monte Vesubio. El enfoque imparcial de Dickson sobre la evidencia invita a los lectores a sacar sus propias conclusiones sobre el Jesús de la historia.

Dr. Lynn Cohick
Presidente y decano del Denver Seminary

John Dickson es actualmente uno de nuestros guías más fiables sobre el trasfondo histórico de la vida de Jesús. Combina la erudición de un académico con la accesibilidad realista del mejor de los maestros. Este libro está lleno de revelaciones; es muy posible que a muchos les sorprenda descubrir cuánto revela el registro histórico acerca del hombre que actualmente constituye el punto focal de la fe de más de dos mil millones de personas.

Sam Allberry
Conferenciante y escritor

Índice

Introducción:
El problema inevitable
del cristianismo

El cristianismo tiene un problema.

Puede que digas: "¿solo uno?"

A diferencia de otras religiones, el cristianismo arriesga su plausibilidad basándola en *supuestos* sucesos históricos. Los cristianos no solo dicen cosas inmateriales como "Dios te ama", "todos necesitamos el perdón" y "el cielo está abierto para todos". Ninguna de estas cosas ni otras por el estilo se pueden confirmar o falsificar en absoluto. Podemos reírnos de estas afirmaciones espirituales, pero no podemos rebatirlas ofreciendo evidencias de lo contrario.

Pero en realidad los cristianos no hablan así. Si escuchas con atención, a menudo les oirás decir cosas como: "Jesús vivió en la aldea galilea de Nazaret"; "tenía una gran reputación como sanador"; "en torno al año 30 d. C. provocó un escándalo en el templo de Jerusalén" o "fue ejecutado por orden de un gobernador romano llamado Poncio Pilato"; o incluso "unos días después de su crucifixión, el sepulcro, que estaba situado a las afueras de la ciudad, apareció vacío, y sus discípulos le vieron vivo".

Este tipo de afirmaciones no son totalmente inmunes al escrutinio histórico. Hablan de épocas y de lugares que conocemos bastante bien. Interactúan con otros personajes (como Pilato) de quienes poseemos una información razonablemente sólida. Todos los supuestos sucesos tuvieron lugar dentro de un crisol cultural y político (la Galilea romana y Judea) del que conservamos miles de restos arqueológicos y cientos de miles de palabras, plasmadas en inscripciones antiguas y en documentos escritos.

Cuando alguien proclama algo tan intangible como "el amor universal de Dios", está a salvo de todo análisis. Pero en cuanto dice que su hombre fue crucificado por el quinto gobernador de Judea, se mete en un terreno abierto a todos, y siempre habrá alguien que quiera poner en duda esa afirmación. ¡Y vaya si la ponen *en duda*!

ATACANDO LAS AFIRMACIONES

Ya hace unos cuantos años que algunos de los libros más vendidos han sido ataques a gran escala contra las afirmaciones del cristianismo, escritos por los ateos más brillantes de este mundo: Richard Dawkins, Christopher Hitchens, Michel Onfray, Lawrence Kraus, etc. Hitchens, que lamentablemente murió hace algunos años, hablaba de "la muy cuestionable existencia de Jesús" y de "la gran cantidad de invenciones" presentes en los relatos de los Evangelios que hablan de él, es decir, las biografías de Jesús que hoy tenemos en el Nuevo Testamento, la segunda parte de la Biblia cristiana. Hicthens seguía diciendo:

O bien los Evangelios son, en cierto sentido, una verdad literal, o todo este asunto es básicamente un fraude y, quizás ya puestos, un fraude inmoral. Bueno, puede afirmarse con certidumbre, y basándose en su propia

evidencia, que los Evangelios no son, casi con toda se-
guridad, una verdad literal. Esto significa que muchos
de los "dichos" y de las enseñanzas de Jesús son rumores
de rumores de otros rumores, lo cual contribuye a expli-
car su naturaleza desordenada y contradictoria.[1]

Estas son palabras muy contundentes, y podemos encontrar
afirmaciones parecidas a estas por toda la literatura atea popular escrita durante los últimos diez o veinte años. Y se
trata de obras tan bien escritas (al menos, la prosa de Hitchens es fabulosa) que resulta fácil dejarse llevar y pensar que
estos críticos públicos deben contar con un sólido núcleo de
opiniones expertas que los respalde.

UNA FALSA IMPRESIÓN

La impresión con la que nos dejan estos escritores, adrede o
no, es que los especialistas en el campo de la historia también hablan de "la muy cuestionable existencia de Jesús" o
de "la gran cantidad de invenciones" presentes en los Evangelios. Pero esta impresión es radicalmente falsa. Todo el que
hojee la literatura académica sobre el personaje de Jesús descubrirá enseguida que los estudiosos bien formados, independientemente de sus convicciones religiosas o irreligiosas,
admiten que sabemos bastante sobre el influyente maestro
de Nazaret.

A lo largo de los últimos 250 años se ha ido desarrollando
toda una industria de "verificación" para validar las afirmaciones de Jesús de Nazaret. Hoy día el estudio del "Jesús
histórico" es una amplia disciplina secular que figura en las
principales universidades de todo el mundo, incluyendo

---

1   Christopher Hitchens, *God is Not Great: How Religion Poisons Everything*
(Twelve, 2007), pp.114-121. Traducido al español como *Dios no es bueno: alegato
contra la religión.* (Editorial Debate, 2008).

las dos con las que he estado más estrechamente relacionado: la Universidad Macquarie y la Universidad de Sídney, en Australia.

Aunque sin duda hay muchos cristianos dedicados a esta subdisciplina de la historia antigua, en ella también trabajan muchos cristianos a medias, ex cristianos y expertos judíos (hay muchos eruditos que profesan esta religión), así como agnósticos y ateos confesos. Esto dificulta sobremanera que cualquiera que escriba y trabaje en este campo se salga con la suya si publica teología disfrazándola de historia, o dé prioridad a los documentos bíblicos antes que a los que no lo son, o afirme que podemos "demostrar" la mayoría de cosas que dice el Nuevo Testamento sobre Jesús.

Es posible que el proceso de revisión por pares (según el cual los expertos publican sus trabajos en diarios profesionales solo después de que los hayan verificado dos o más eruditos probados, independientes y anónimos) no sea infalible, pero sin duda filtra todo ensayo propagandístico. También reduce el riesgo de que surjan tesis fraudulentas, y hace que los eruditos sean conscientes en todo momento de las *reglas* del juego de la historia.

LOS INTERESES CREADOS

Al mismo tiempo, fuera de las universidades y en la calle, este tema está envuelto en tantas emociones e intereses creados que algunas personas no están dispuestas a aceptar *ninguna* declaración que apunte, aunque sea vagamente, en la dirección de la historicidad de Jesús. El otro día colgué en una red social una famosa afirmación sobre Jesús que hizo el gran Albert Einstein, y provocó una tremenda reacción por parte de mis amigos y seguidores escépticos.

El gran físico fue entrevistado en 1929 por el periodista George Viereck y, entre muchas otras cosas, este le hizo preguntas sobre algunos temas religiosos. Es bien sabido que Einstein despreciaba "la religión revelada" tachándola de pueril; ni siquiera le atraía el concepto de un Dios personal. Su postura religiosa consistía en poco más que en una difusa intuición de que más allá de las leyes naturales debía haber "algún espíritu infinitamente superior y dotado de raciocinio". Me parece una conclusión justa.

Pero lo que molestó a mis amigos ateos fue la admiración que sentía Einstein por el personaje histórico (sí, personaje *histórico*) que figuraba en los Evangelios del Nuevo Testamento. Este es un extracto de la entrevista:

> **Viereck:** *¿Hasta qué punto se ha visto influido por el cristianismo?*
>
> **Einstein:** *De niño recibí instrucción tanto sobre la Biblia como sobre el Talmud. Soy judío, pero me siento cautivado por la figura luminosa del Nazareno.*
>
> **Viereck:** *¿Acepta la existencia histórica de Jesús?*
>
> **Einstein:** *¡Es incuestionable! Nadie puede leer los Evangelios sin sentir la presencia real de Jesús. Su personalidad late en cada palabra. No hay ningún mito que posea tanta vida. Qué diferente es, por ejemplo, la impresión que recibimos cuando leemos un relato de los héroes legendarios de la antigüedad, como Teseo. Teseo y otros héroes de su estilo carecen de la auténtica vitalidad de Jesús.*[2]

La admiración que sentía Einstein por Jesús y su confianza en que Jesús era un personaje histórico suponen un agradable contraste frente al dogmatismo más reciente de los ateos que escriben libros superventas, y quizá este sea el motivo por el cual mis amigos escépticos de las redes sociales se

---

2   "What Life Means to Einstein", *Saturday Evening Post*, 26 de octubre de 1929.

resistieron tanto a aceptar que el gran físico llegase a pronunciar aquellas palabras tan halagadoras sobre el fundador del cristianismo.

Hubo algunos que, literalmente, me sugirieron que la entrevista misma de Viereck era un fraude, aunque (como les indiqué) aparece publicada en una de las revistas más leídas en Estados Unidos en el siglo XX.

Tuve que escarbar entre los archivos y publicar fotos de las páginas relevantes de la entrevista para que algunos se creyeran que Einstein concedió esa entrevista. Ni siquiera entonces sé si otras personas lo aceptaron o no. ¡Este es el poder que tienen nuestras preferencias para moldear nuestras creencias! Más adelante seguiremos hablando de este problema.

En parte, este libro es una arrojada defensa de la materia misma de la historia, además de ser (espero) una exposición imparcial sobre una vida histórica en concreto. Pregunto: "Jesús, ¿realidad o ficción?", pero también "¿cómo y por qué funciona la historia como disciplina?"

Estudiaremos manuscritos antiguos y también métodos modernos. Examinaremos el papel de la "fe" o la "confianza" en todos los proyectos académicos, incluyendo la ciencia. También perfilaremos brevemente *qué* podemos decir confiadamente sobre personajes históricos como el emperador Tiberio, Poncio Pilato, el sumo sacerdote Caifás y, por supuesto, Jesús de Nazaret, todos los cuales coincidieron durante un periodo breve de sus vidas a finales de la segunda década y principios de la tercera de lo que llamamos el siglo *primero*.

1
Historia y realidad

Durante aproximadamente los últimos diez años he llevado colgado de una cadena en el cuello un *denarius* de plata. En el siglo primero, esta moneda romana equivalía más o menos al salario de un día, aunque hoy vale un poco más. La mía lleva en una cara (el anverso) la efigie del emperador Tiberio, y en la otra (el reverso) la de su madre, Livia. Esto nos dice que la acuñaron en algún momento entre los años 14 y 37 d. C. (según parece, en la ceca de Lyon), dado que las fechas del reinado de Tiberio están firmemente establecidas.

En parte, llevo este trocito de historia romana por motivos sentimentales. Es la moneda a la que Jesús de Nazaret se refirió en una cita famosa (habló del nombre, no de *mi* moneda) cuando le preguntaron si los judíos de Judea tenían que pagar impuestos a Roma. "¿De quién es esta inscripción?", preguntó señalando el denario. "De César", respondieron todos a una. "Entonces dad a César lo que es de César", respondió él, "y a Dios lo que es de Dios". Es una respuesta muy astuta, que tiene todo tipo de consecuencias fascinantes para la separación entre Iglesia y Estado. Con el paso de los años, mi colgante antiguo ha provocado algunas conversaciones graciosas, normalmente cuando alguien me pregunta: "¿Qué llevas colgado al cuello? ¿Es un san Cristóbal o algo así?".

UN PUENTE AL PASADO

Pero también llevo esa moneda por motivos más intelectuales. Para mí es un recordatorio poderoso de que el pasado antiguo es tan real y sólido (o *fue otrora* tan real y sólido) como ese trozo de metal que pende de mi cuello.

A menudo lo tomo entre los dedos y doy rienda suelta a la imaginación. Quizá entregaron esta moneda a un obrero tras su brutal jornada de doce horas en las minas de ceniza de Nápoles. O quizá un senador se la arrojó a sus músicos después de una ejecución especialmente lograda de "La canción de Sicilo" (todo un éxito en sus tiempos, con un estribillo que decía "disfruta de la vida mientras la tengas"). ¿Qué alimentos compró mi moneda? ¿Cuántas copas de vino bebió alguien a cambio de ella, en cuántas ciudades distintas? ¿Qué sórdidos negocios se pagaron con ella? ¿La robaron alguna vez? ¿Y quién fue el pobre desventurado que acabó perdiéndola en el lodo, de donde alguien la recuperó casi veinte siglos más tarde?

Por supuesto, podemos especular indefinidamente, pero lo que quiero decir es algo más fundamental: el trabajo, las vidas, los amores, la música, la comida, los escándalos y los

accidentes del siglo I fueron en cierto momento tan reales como la moneda que llevo al cuello, y tan tangibles como todo lo que olemos, gustamos, palpamos, oímos y vemos hoy.

Mi moneda es una especie de puente al pasado. Sus inscripciones son una evidencia vívida del concepto que tenían los romanos de sus emperadores: las palabras en latín grabadas en los márgenes dicen *divi Augusti filius*, "hijo del dios Augusto" (el padre adoptivo de Tiberio).

El retrato es poco realista: cada emperador tiene un aspecto totalmente diferente, y según nuestra manera de pensar en su mayoría eran bastante feos. Si buscas "denario emperador Nerón" en Google me entenderás. Tiberio puso a su madre en el reverso de sus monedas, idealizada como la diosa *Pax* (la paz). Parece un acto de ternura, pero es algo más complejo. Es posible que él le *debiera* algún favor, porque abundaban los rumores de que ella se había "encargado" de un par de rivales potenciales. Más concretamente, su presencia en una moneda tan habitual subraya lo que dicen todos los escritos antiguos: aquella mujer era una participante de peso en la política de Roma, desde el momento en que se divorció de su primer marido para casarse con Augusto en el 39 a. C. hasta su muerte en 29 d. C. Estas son cosas que podemos afirmar con un alto grado de seguridad.

La historia es real. No hablamos de la Tierra Media o de "una galaxia muy, muy lejana". Forma parte de la historia de este mismo planeta en el que vivimos hoy. Además, todos nosotros estamos biológicamente relacionados con las personas que vivieron en el mismo periodo (y puede que en el mismo lugar) y a las que estamos estudiando en este libro. Cada uno de nosotros tiene una tátara-, tátara- (repitámoslo unas cuarenta veces) abuela que vivió, trabajó, deseó, se lamentó y se rio en el mismo momento (a finales de la segunda década del siglo I) en que murió Livia, gobernaba Tiberio,

Poncio Pilato incordiaba a los habitantes de Judea, Jesús enseñaba a las multitudes en Galilea y el prolífico escritor Plinio el Viejo (23-79 d. C) empezaba la escuela primaria.

LO QUE PUEDE DECIRNOS UN 1% DE EVIDENCIAS

La historia no es solo real: también es *conocible*. Por supuesto, no *totalmente* conocible. Probablemente hoy *queda* menos del 1% de los restos antiguos. Pero ese 1% basta para ofrecernos una visión muy valiosa de las vidas de los hombres y las mujeres del primer siglo. Prueba a hacer este experimento intelectual…

Imagina que unas personas que vivieran dentro de dos mil años excavasen en Londres y encontrasen el 1% de los diarios *Daily Mail*, un 1% de las estatuas y las inscripciones urbanas, un 1% de los tiques de Marks & Spencer, un 1% de los documentos del Parlamento en Westminster y un 1% de las cartas perdidas en el Centro Nacional de Devoluciones del Correo Real. Aunque para los historiadores del futuro buena parte de la vida en Londres en 2019 seguiría siendo una incógnita, hay muchísimas otras cosas que podrían descubrir fácil y fidedignamente.

Conoceríamos los nombres de bastantes de los líderes de Gran Bretaña y también del resto del mundo. Descubriríamos algunas de las cosas que la gente valoraba y quería recordar. Nos haríamos una idea del tipo de alimentos que tomaban las personas, cuánto costaban las cosas y, en general, cómo se gastaban el dinero los londinenses. Y gracias únicamente a una pequeña selección de documentos gubernamentales y de correspondencia privada obtendríamos una imagen bastante precisa de al menos *algunas* facetas de la vida en 2019.

Además de estas impresiones generales del Londres del siglo XXI, los historiadores del año 4019 tendrían retratos muy detallados de individuos concretos, algunos famosos y otros desconocidos. Como es lógico, podrían decir muchas cosas fiables sobre el Primer Ministro o sobre la reina, pero solo haría falta que se produjera el hallazgo casual de un puñado de cartas de unos pocos individuos para elaborar un relato detallado, íntimo incluso, de las vidas de los hombres y las mujeres ordinarios de esa época.

INCOMPLETO PERO ÍNTIMO

La historia antigua viene a ser así; nos frustra porque es incompleta, pero resulta notablemente íntima. Aunque, por ejemplo, disponemos de relatos biográficos formales de Tiberio, así como de monedas e inscripciones que llevan su nombre y su título, no tenemos *ni un solo* ejemplar de la correspondencia personal del emperador. Sin embargo, de un periodo ligeramente posterior se han conservado 121 cartas de Plinio el Joven (sobrino del Plinio mayor) dirigidas a diversos amigos y colegas, incluyendo un buen número de respuestas del emperador de su época (Trajano). Esas cartas son un valioso tesoro de imágenes entresacadas de los pensamientos, el trabajo, las cacerías, los hábitos de lectura, las vacaciones, los amores, las esperanzas y los temores de un aristócrata romano.

Por poner un ejemplo más cercano a los primeros cristianos, disponemos de una sólida evidencia *general* de que el rabino judío más influyente en la Judea romana fue un erudito llamado Hillel. Lamentablemente, no contamos con ninguna carta de este hombre, que fue, a decir de todos, un gigante intelectual del movimiento conocido como los fariseos.

Por el contrario, tenemos cerca de 30 000 palabras de la correspondencia de un joven fariseo (solo unas pocas décadas posterior a Hillel) llamado Saulo de Tarso. Es más conocido como "el apóstol Pablo", autor de numerosas cartas contenidas hoy en el Nuevo Testamento. Estas cartas, aunque hoy se leen principalmente por su contenido teológico, nos ofrecen una enorme cantidad de información aleatoria sobre el lenguaje, la retórica, la religión, la historia social, los viajes y las costumbres (judías, griegas y romanas) del siglo I, además de sobre la vida interior de un hombre nacido judío, educado como griego, y responsable de propagar el mensaje cristiano por toda Asia Menor (Turquía), Grecia y más allá.

Podríamos añadir muchísimos más ejemplos como este durante el resto del libro, pero seguramente la idea ya ha quedado lo bastante clara. El pasado histórico es un lugar auténtico en el mapa de la experiencia humana, tan real como la moneda que pende de mi cuello, y aunque hay muchas cosas que nunca sabremos de la antigua Roma o Jerusalén, han sobrevivido suficientes documentos y objetos de aquel periodo como para proporcionarnos juicios firmes sobre muchas cosas del siglo primero, incluyendo aquellas que constituyen el epicentro de este libro.

CÓMO SABEMOS LO QUE SABEMOS

De la misma manera que los escritores Tácito y Suetonio nos legaron un estupendo material biográfico sobre Tiberio, al menos cuatro individuos escribieron la biografía de Jesús de Nazaret. Una vez más, igual que las numerosas cartas en latín de Plinio el Joven nos ofrecen una visión excelente de la vida y el pensamiento de un romano bien relacionado y de sus amigos, un puñado de cartas en griego que redactó Saulo (convertido en Pablo) ofrece evidencias detalladas de los inicios de lo que llegaría a llamarse "cristianismo".

Por lo que respecta al método y al juicio históricos, no existe diferencia alguna entre estos dos ejemplos. La diferencia estriba simplemente en que las afirmaciones históricas sobre Plinio no vienen cargadas con un equipaje psicológico o emocional. Por ejemplo, ¿a quién le importa que Plinio recomendase llevar libros a las cacerías en el bosque por si el cazador se aburría? Por el contrario, los juicios históricos sobre la persona de Jesús, aunque sean igual de fáciles de emitir que los juicios sobre Plinio, vienen lastrados por un incómodo bagaje sobre Dios, la vida auténtica, el cielo y el infierno, y todo lo demás.

El truco consiste en realizar una evaluación histórica sin permitir que nuestras sensibilidades psicológicas o morales se interpongan en nuestro camino o nos desvíen del rumbo. El mero hecho de que no creamos, por ejemplo, en "el pecado" o "Dios", no quiere decir que debamos dudar de la evidencia de que Jesús habló sobre el pecado y enseñó que Dios nos ofrece el perdón.

UN LIBRO DE HISTORIA

Este es un libro de historia; es un intento de explicar *cómo* sabemos algo sobre un personaje histórico como Jesús o Pablo, y también algo de *lo que* sabemos. Utilizo el verbo "saber" deliberadamente. Las conclusiones de la historia, incluyendo la historia de Jesús, son *sabidas*. Por eso a la historia se la solía llamar "ciencia", procedente del latín *scientia* o "conocimiento". Es un hecho evidente que quienes se especializan en este periodo, sea cual sea su afiliación religiosa o falta de ella, están aplastantemente de acuerdo en que *sabemos* bastantes cosas de Jesús. La conclusión de E. P. Sanders, de Duke University, en su obra clásica *La figura histórica de Jesús*, sería aceptable para la mayoría de los expertos seculares que trabajan actualmente en este campo:

> *No existen dudas sustanciales sobre el curso general de la vida de Jesús: cuándo y dónde vivió, aproximadamente cuándo y dónde murió, y el tipo de cosas que hizo durante su actividad pública.*[3]

A Sanders no le gusta la apologética cristiana ni la teología disfrazada de historia. Este erudito, que durante los últimos

---

3   E. P. Sanders, *The Historical Figure of Jesus* (Penguin Books, 1993), p. 11.

treinta años ha sido uno de los líderes *seculares* en el estudio de Jesús, no tiene ningún reparo en rechazar esta o aquella porción del Nuevo Testamento. Sin embargo, piensa acertadamente que los Evangelios y las epístolas de Pablo son fuentes *humanas* importantes, cruciales para la comprensión correcta de los sucesos que tuvieron lugar en Galilea y en Judea bajo gobierno romano durante la segunda y tercera décadas después de Cristo, la época en que gobernaba Tiberio, cuando falleció su madre, Livia, cuando Plinio (el Viejo) estaba aprendiendo a leer y cuando alguien acuñó la moneda que llevo colgada al cuello.

En resumen

Los acontecimientos históricos fueron en otro tiempo tan reales como las experiencias que tenemos hoy. Lo cierto es que no difieren de los eventos de ayer. Esos sucesos ya no están aquí (en cierto sentido, "aquí" no hay nada excepto el presente inmediato), pero son hechos sólidos dentro del mismo mundo en que vivimos. La investigación histórica es la ciencia y el arte de discernir cuántos de esos sucesos tangibles del pasado se pueden *saber* hoy.

Lecturas

Jesús y el denario, del Evangelio de Marcos

Y le enviaron algunos de los fariseos y de los herodianos, para que le sorprendiesen en alguna palabra. Viniendo ellos, le dijeron: Maestro, sabemos que eres hombre veraz, y que no te cuidas de nadie; porque no miras la apariencia de los hombres, sino que con verdad enseñas el camino de Dios. ¿Es lícito dar tributo a César, o no? ¿Daremos, o no daremos? Mas él, percibiendo la hipocresía de ellos, les dijo: ¿Por qué me tentáis? Traedme la moneda para que la vea. Ellos se la trajeron; y les dijo: ¿De quién es esta imagen y la inscripción? Ellos le dijeron: De César. Respondiendo Jesús, les dijo: Dad a César lo que es de César, y a Dios lo que es de Dios. Y se maravillaron de él.

MARCOS CAPÍTULO 12, VERSÍCULOS 13 AL 17.
(MARCOS 12:13-17).

El entorno histórico del Evangelio de Lucas

En el año decimoquinto del imperio de Tiberio César, siendo gobernador de Judea Poncio Pilato, y Herodes tetrarca de Galilea, y su hermano Felipe tetrarca de Iturea y de la provincia de Traconite, y Lisanias tetrarca de Abilinia, y siendo sumos sacerdotes Anás y Caifás, vino palabra de Dios a Juan, hijo de Zacarías, en el desierto. Y él fue por toda la región contigua al Jordán, predicando el bautismo del arrepentimiento para perdón de pecados.

LUCAS CAPÍTULO 3, VERSÍCULOS 1 AL 3.
(LUCAS 3:1-3).

Carta del gobernador romano Plinio el Joven a su esposa, Calpurnia

No te puedes imaginar cuánto te echo de menos. Te quiero muchísimo, y no estamos acostumbrados a estar separados, así que me paso buena parte de la noche pensando en ti, y por el día descubro que mis pies me arrastran (un verbo certero, "arrastrar") a tu cuarto a las horas en que solía visitarte; al hallarlo vacío me voy, tan enfermo y triste como un amante a quien se le cierra la puerta. El único momento en que me veo libre de esta angustia es cuando estoy en el tribunal, agotándome con los pleitos de mis amigos. Te puedes hacer así una idea del tipo de vida que llevo si encuentro mi descanso en el trabajo y mi distracción en los problemas y las angustias.

Plinio, *Cartas*, 6.

2
La "fe" en
la historia

Durante las últimas 24 horas he tenido que utilizar la fe en una gran variedad de situaciones. Ayer, cuando me desperté, la radio dio la noticia de que en California se habían producido unos terribles aludes de barro. No he visto las fotos, pero me creo la historia: tengo fe en la noticia.

Cuando a mitad del día mi hija me llamó para decirme que había salido a correr y de repente se había sentido realmente enferma en mitad de la calle, también me lo creí. No tenía ninguna evidencia de que me estaba diciendo la verdad, pero aun así salí corriendo a buscarla. Por la tarde, mis mejores amigos, Ben y Karen, tomaron un vuelo en Sídney para regresar al Reino Unido... o eso me dijeron. No les pedí que me enseñaran los billetes de avión ni su itinerario impreso, pero les di un abrazo y un beso de despedida con toda la buena fe del mundo, y les prometí que contactaría con ellos cuando volviera a Oxford en mayo. Me da la sensación de que ellos también me creyeron.

Luego, por la noche (fue un día movidito), había salido a cenar con unos amigos cuando un colega me llamó por teléfono para decirme que la niña de seis años de una familia de nuestra iglesia había fallecido pocas horas antes. Asumí rápidamente mi papel de *líder de la iglesia* e hice las llamadas pertinentes, envié mensajes y me encargué de los tristes detalles para el funeral.

Cuando me metí en la cama sobre las once de la noche, escuché un *podcast* y me enteré de algunos detalles triviales (después de la llamada anterior, todo me parecía trivial) sobre el estilo de negociación de Donald Trump en sus últimos debates con los demócratas respecto a la política de inmigración. Esta mañana cuando me desperté seguía *creyendo* en todo lo que acepté por fe ayer. Y no me siento mal por ello. De hecho, se me ponen los pelos de punta cuando pienso cómo habría discurrido el día si no hubiera aceptado las cosas por fe, si en lugar de eso hubiera exigido ver evidencias tangibles antes de creer lo que me decían los demás.

LA FE COTIDIANA

Supongo que tú (y la mayoría de mis lectores) habrás aceptado *por fe* lo que he escrito hasta ahora (te aseguro que es cierto, no una ilustración útil de las que se inventan los escritores para añadir un poquito de gracia a sus libros). Pero, ¿por qué me ibas a creer? No nos conocemos. Si nunca has leído nada de lo que he escrito, no soy más que un tipo australiano a quien le apasiona la historia.

Entonces, ¿qué está pasando aquí, cuando digo que puse *mi fe* en los diversos eventos de las últimas 24 horas, y *tú* tienes *fe* en mi transmisión de esos sucesos? La respuesta es sencilla: *debido a una larga experiencia en interactuar con otros en este mundo, hemos llegado a pensar que la mayoría de las veces es prudente poner una buena dosis de confianza en el testimonio de otros, cuando esas personas parecen darnos ese testimonio con buena fe.* Tener "fe" te ha funcionado bien a la hora de recopilar información sobre el mundo real, y por ello has llegado a considerar la *fe en el testimonio* como una vía en la que generalmente puedes confiar para adquirir conocimiento personal.

LA CONFIANZA EN LOS TESTIMONIOS

La *confianza o fe en los testimonios* es crucial para el conocimiento *académico*, así como para el personal. Prácticamente todo lo que aprendimos en la escuela o en la universidad lo aceptamos por fe. *Confiamos en el testimonio* del profesor o profesora porque no disponíamos de un conocimiento directo de ninguna de las materias del currículo. En clase de literatura inglesa, nos fiamos de lo que nos contaron sobre Shakespeare: cuándo vivió, qué obras de teatro son suyas y cuál es la terminología correcta para hablar de los recursos literarios que emplea (soliloquio, doble sentido, etc.).

Lo mismo pasa en la clase de historia. Todos y cada uno de los datos que decimos "saber" sobre la invasión normanda de la Inglaterra sajona en 1066 (incluso la propia fecha) los conocemos solo porque pensamos que era razonable fiarse del maestro y del libro de texto. Incluso en la clase de ciencias, prácticamente todo lo que aceptamos como verdad respecto a la biología celular, la velocidad de la luz, la mecánica cuántica y demás, lo asimilamos (y seguimos haciéndolo) pura y llanamente por fe: la confianza en los conocimientos y en las buenas intenciones de los docentes y de los manuales.

Esto es así incluso entre los científicos profesionales de todas las disciplinas. Los biólogos, por ejemplo, *confían* en lo que les cuentan sus colegas astrofísicos sobre el cosmos, sin repetir laboriosamente todas sus observaciones ni repasar con detalle sus cálculos matemáticos. De la misma manera, los astrofísicos confían en los biólogos para conocer la mecánica de las células, sin necesidad de acercarse a un microscopio. Esto es tan cierto para mí como lo era para un investigador que viviera en el mundo antiguo. Yo dispongo de conocimiento directo solo de algunas cosas (los idiomas, los textos, los nombres y la arqueología de Judea y Galilea en la época romana), pero por lo que respecta al resto de la historia grecorromana, me fío agradecido de los hallazgos publicados (el testimonio) de otros investigadores.[4]

LOS LÍMITES DEL TESTIMONIO Y DE LA FE

Sin embargo, hay ocasiones en que el testimonio humano es imperfecto o malicioso. Alguien a quien considerábamos un experto digno de confianza resulta estar tremendamente equivocado o tener una confianza desmedida y excesiva en sus postulados. Un amigo (o ex amigo) que juraba que algo era cierto resulta ser un embustero caradura. Estas experiencias mellan nuestra confianza, nuestra fe, en el testimonio de otros. Hacen que seamos especialmente sensibles a la posibilidad de que los seres humanos no sean dignos de confianza y que descubramos nuestra propia ingenuidad.

Y eso está bien; incluso es positivo.

Con suerte, estas experiencias nos ofrecen pistas para poder distinguir entre los testimonios fiables y los falsos, haciendo así que la próxima vez seamos un poco menos vulnerables a las mentiras. Es posible que los niños de cinco años se fíen de todo lo que les dicen los adultos, pero los individuos de treinta y tantos, por lo general, han aprendido a ser más cautelosos y buscan instintivamente indicios de mentira. Puede que incluso, inconscientemente, utilicen algunos análisis sencillos para evaluar la coherencia interna del testimonio de alguna persona, y la confiabilidad general de quien testifica de algo (esta es una forma rudimentaria

---

4   Para un análisis detallado de la indispensabilidad de la confianza en la vida y en el mundo académico, véase el magnífico libro del filósofo Tony Coady, de la Universidad de Melbourne: C. A. J. Coady, *Testimony: A Philosophical Study* (Clarendon Press, 1995).

del "método histórico"). Pero en ambos casos (el del niño inocente y el del adulto experimentado) tenemos la necesidad ineludible de depender, en términos generales, del testimonio de otros en nuestra vida. La fe es un puente sólido que lleva al conocimiento.

ALGUNAS DEFINICIONES ESCÉPTICAS

La definición escéptica de "fe" como *creencia que carece de evidencias* ha llegado a nuestros diccionarios solamente por el uso reciente que se ha hecho de ella en círculos escépticos. Así es como funcionan los diccionarios. No son árbitros del mejor uso de los términos; solo registran cómo acaban usando las palabras los humanos. Y el uso de la palabra "fe" en el sentido despectivo de *creer cosas sin una buena razón* comenzó en un momento relativamente tardío de su historia (en el siglo XIX), y por algunas personas, no por una mayoría. Durante la mayor parte de la historia del idioma inglés, al menos desde el siglo XI hasta nuestros días, *fe* ha significado habitualmente "fidelidad", "lealtad", "credibilidad", "confianza", "veracidad" y "seguridad"; estos son sinónimos del significado originario de "fe" tal como aparece en el *Oxford English Dictionary* (OED). En concreto, hay dos definiciones de la fe que hallamos en esa entrada del OED que nos ofrecen una explicación perfecta de por qué la fe es esencial para el conocimiento en general y para el conocimiento *histórico* en particular:

> 7(a) *La confianza o creencia firme en algo, o la dependencia de ello (por ejemplo, la veracidad de una afirmación o de una doctrina; la capacidad, bondad, etc., de una persona; la eficacia o el valor de una cosa); confianza; crédito.*
>
> 7(b) *Creencia basada en evidencias, en testimonios o en la autoridad de alguien.*

El propósito de todo esto para nuestra investigación de la historia, y de la historia de Jesús de Nazaret en concreto, es destacar que la *confianza en el testimonio* (propia del sentido común) que respalda buena parte de nuestro conocimiento personal y académico del mundo también es crucial para obtener conocimientos *sobre el pasado*. *Hacer historia* conlleva leer testimonios antiguos y reflexionar sobre ellos para luego decidir si fiarnos de ellos o no (o alcanzar un punto intermedio). Abordamos los testimonios antiguos (las "fuentes primarias" que analizamos en los capítulos siguientes) de una manera muy parecida a como abordamos los testimonios de la vida cotidiana. Los historiadores formulan preguntas como estas:

- ¿Estaba el autor bien posicionado para conocer la información que transmite?
- ¿Tiene el autor el carácter general de ser alguien que informa de buena fe?
- Lo que cuenta, ¿encaja con lo que se sabe más en general sobre la época y el lugar del que habla?
- ¿Alguna de las cosas concretas de las que habla el autor están corroboradas, al menos en términos generales, por el testimonio de otros autores?

LA PSICOLOGÍA DE LA FE Y LA DUDA

La creencia y la duda son tanto realidades *psicológicas* como condiciones intelectuales. El primer pensador que investigó *la psicología de la creencia* (por lo que sabemos) fue el filósofo griego Aristóteles (384-322 a. C.). Escribió el que posiblemente sea el manual de mayor éxito de toda la historia sobre cualquier tema. Su *Retórica* se estudió en universidades de todo el mundo, desde la antigua Academia de Atenas hasta las universidades medievales de París y de Oxford, llegando hasta el periodo moderno temprano en instituciones como Harvard y Princeton. El libro es un análisis detallado de por qué algunos argumentos son válidos y otros no, o, más exactamente, por qué algunas personas logran convencernos y otras no.

Aristóteles utiliza tres términos para etiquetar las tres partes de la persuasión:

1. A la dimensión lógica la llama *logos*.
2. Al aspecto ético (es decir, a si el persuasor parece moralmente creíble) lo llama *ethos*.
3. Y a la dimensión emocional la llama *pathos*.

Cada una de estas facetas de la persuasión se puede dividir en numerosas subcategorías, pero la idea básica es que la persuasión funciona o no dependiendo de toda una gama de factores, no solo de los hechos.

Por suerte o por desgracia, no somos cerebros suspendidos en un líquido. En lugar de eso, interpretamos la información basándonos en nuestras preferencias y en nuestras experiencias pasadas. Nos influyen las opiniones de las personas a quienes admiramos. No podemos evitar que nos motiven (o nos descarríen) factores concretos como son la edad, la salud, los patrones de sueño e incluso lo que desayunamos esta mañana. En otras palabras, no somos *pura mente*. También somos criaturas sociales, psicológicas y físicas. Esto tiene consecuencias importantes para nuestra forma de abordar la ciencia.

CONÓCETE A TI MISMO

La sabiduría resultante de conocer tus propias influencias cognitivas y emocionales es la revelación esencial que encuentro en uno de mis libros favoritos de la última década, *La mente de los justos: por qué la política y la religión dividen a la gente sensata* (Deusto, 2012), de Jonathan Haidt. El profesor Haidt es un psicólogo social evolutivo de la Universidad de Nueva York.

El libro es un repaso de los últimos veinte años de investigación sobre nuestra manera de forjar (y defender) nuestras creencias sobre política, religión, ética, estética e incluso ciencia. Un estudio tras otro demuestra que tendemos a formar nuestras opiniones *intuitivamente*, y solo entonces respaldamos nuestra postura con argumentos racionales.

Esta potente conclusión es un arma de muchos filos. Es aplicable tanto a conservadores como a progresistas, a fundamentalistas y a escépticos. Algunas de las evidencias para llegar a esa conclusión son muy graciosas (recomiendo de corazón el libro), pero la lección sencilla y recurrente es que la creencia y la incredulidad suelen ser el resultado de una combinación de factores. La argumentación racional tiene un peso específico, pero un papel importante (y si Haidt tiene razón, *el* papel principal) lo desempeñan las preferencias y las experiencias de vida que componen nuestra "cognición intuitiva", como él la llama. Haidt comenta:

> Preguntamos "¿Me lo *puedo* creer?" cuando *queremos* creer algo, pero "¿Me lo *tengo que* creer?" cuando *no queremos* creerlo. La respuesta a la primera pregunta casi siempre es "sí", y "no" a la segunda.

NO IMPORTA LO INTELIGENTE QUE SEAS

Es posible que las evidencias más interesantes (perturbadoras incluso) sean las que, según la descripción de Haidt, demuestran que los individuos con un CI alto no son mejores que los que tienen un CI medio a la hora de evaluar de argumentos a favor y en contra de un tema. Los test revelan que la única "ventaja" que tienen las personas con un CI elevado es la capacidad de racionalizar internamente sus opiniones y de defender su postura ante otros. Tienen lo que Haidt llama un "secretario de prensa interno", que puede justificarlo todo automáticamente. "Las personas con un CI más alto pueden dar más razones" para justificar su postura en un debate, dice, "pero no se les da mejor que a otros encontrar razones para la otra postura". Los listos tienen más fácil, sencillamente, salir airosos en las discusiones... consigo mismos y con otros.

La investigación que esboza Haidt ayuda quizá a explicar la conclusión (bastante extendida) de que, por lo general, los ateos son más inteligentes que quienes creen en Dios.[5] Si Haidt tiene razón al decir que la inteligencia meramente permite que las personas se convenzan a sí mismas (y a otros) de un argumento, podemos concluir que las personas inteligentes destacan en argüir evidencias *en contra* de Dios. Su inteligencia no dice nada sobre la calidad de las propias evidencias. Al decir esto no pretendo ofender a ningún ateo.

En realidad, a esta misma investigación se le puede dar la vuelta para que escueza a algunos cristianos. Cuando analizamos los datos resulta que aunque los ateos, *hablando en términos generales*, tienden a ser más inteligentes que los teístas, los anglicanos (la Iglesia de Inglaterra o episcopalianos) tienden a tener el CI más elevado de todos. Sí, son más inteligentes que los ateos (véase el estudio de Nyborg que acabo de citar). ¿Qué significa esto? Pues a la luz de la conclusión de Jonathan Haidt sobre el vínculo que existe entre la inteligencia y la racionalización, seguramente no significa gran cosa. Tanto los ateos como los anglicanos deben resistirse a la tentación de citar su CI como confirmación de las cosas

---

5   Ver, por ejemplo, Helmuth Nyborg, "The intelligence-religiosity nexus: A representative study of white adolescent Americans", *Intelligence* 37.1.2009, pp. 81-93.

en las que creen. ¡Sencillamente, puede que se les dé mejor convencerse a sí mismos de que tienen razón!

Estas conclusiones sobre la creencia y la duda no son conceptos difíciles de entender. Seguramente detectamos las mismas cosas a nuestro alrededor, y en nosotros mismos, un día tras otro. Sin embargo, la importancia de ser conscientes de ello, sobre todo cuando estudiamos un tema como es la historia de Jesús, radica simplemente en destacar que las *evidencias* no serán el único factor en juego cuando evaluemos el material relevante. El análisis intelectual jugará un papel crucial, como debe ser, pero también lo harán nuestros sentimientos sobre el hombre de Nazaret, nuestra experiencia previa con los cristianos y, francamente, si sintonizamos o no con el escritor al que estemos leyendo. La clave para todo esto es, sencillamente, ser consciente de nosotros mismos dentro de toda nuestra complejidad humana.

En resumen

La "fe" no es lo contrario al conocimiento. La confianza en el testimonio humano es fundamental tanto para vivir en el mundo como para aprender sobre el pasado. Y esta *confianza*, como la *duda*, se puede ver influida por factores psicológicos y sociales, igual que por consideraciones intelectuales.

Lecturas

EL TESTIMONIO SOBRE JESÚS EN EL EVANGELIO DE JUAN

Volviéndose Pedro, vio que les seguía el discípulo a quien amaba Jesús, el mismo que en la cena se había recostado al lado de él, y le había dicho: Señor, ¿quién es el que te ha de entregar? Cuando Pedro le vio, dijo a Jesús: Señor, ¿y qué de éste? Jesús le dijo: Si quiero que él quede hasta que yo venga, ¿qué a ti? Sígueme tú. Este dicho se extendió entonces entre los hermanos, que aquel discípulo no moriría. Pero Jesús no le dijo que no moriría, sino: Si quiero que él quede hasta que yo venga, ¿qué a ti? Este es el discípulo que da testimonio de estas cosas, y escribió estas cosas; y sabemos que su testimonio es verdadero. Y hay también otras muchas cosas que hizo Jesús, las cuales si se escribieran una por una, pienso que ni aun en el mundo cabrían los libros que se habrían de escribir.

JUAN CAPÍTULO 21, VERSÍCULOS 20 AL 25.

(JUAN 21:20-25).

Testimonio de Plinio el Joven sobre la erupción del monte Vesubio

Apenas nos habíamos sentado a descansar cuando sobre nosotros se abatieron las tinieblas: no era la oscuridad propia de una noche sin luna o con nubes, sino como si una lámpara se hubiera apagado en una habitación cerrada. Se podían oír los chillidos de las mujeres, los llantos de los niños pequeños y las exclamaciones de los hombres; algunos llamaban a sus padres, otros a sus hijos o a sus esposas, intentando reconocerles por sus voces. La gente lamentaba su destino o el de sus familiares, y había algunos que, poseídos por el terror a morir, rogaban pidiendo la muerte. Muchos buscaban la ayuda de los dioses, pero aún eran más los que pensaban que ya no quedaban dioses y que el universo se había sumido en una oscuridad eterna... Nos aterraba ver todo transformado, enterrado bajo las cenizas como copos de nieve. Regresamos a Miseno (justo al oeste de Nápoles), donde atendimos como mejor pudimos nuestras necesidades físicas, y luego pasamos una noche angustiosa alternando entre la esperanza y el temor.

Plinio, *Cartas* 6.20.

3
Cómo hacer que me trague mi Biblia

Hace unos años, un 18 de diciembre, unos amigos y algunos colegas me contaron que en la prensa más leída había aparecido un artículo donde se sugería que la historia de Jesús era totalmente dudosa. "Cómo se nota que ya está aquí la Navidad", pensé. Todos los años publican cosas así por estas fechas.

Pero esta vez fue distinta. Las redes sociales estaban plagadas de menciones y *retuits* del artículo, porque lo habían publicado en el venerable *Washington Post* y parecía ir más lejos que el habitual desprestigio educado de algún elemento concreto de la historia de la Natividad. El autor concluía triunfalmente el artículo diciendo en la última línea: "En resumen, es evidente que hay buenas razones para poner en duda la existencia histórica de Jesús, por no decir que fue directamente improbable".[6]

Imagina mi sorpresa cuando descubrí que el autor del artículo había sido un alumno mío que recientemente había

---

6   www.washingtonpost.com/posteverything/wp/2014/12/18/did-historical-jesus-exist-the-traditional-evidence-doesnt-hold-up/?hpid=z2&utm_term=.75c39646f78f

cursado la materia que imparto ("El Jesús histórico y los Evangelios escritos") en la Universidad de Sídney. Aquel joven había estado presente en todas las clases donde esbocé las fuentes que usan los eruditos, los métodos históricos más recientes y las conclusiones generales del consenso académico respecto a este amplio campo de estudio.

Resulta que aquel joven había sido cristiano y ahora era un ateo activo que cursaba un programa de doctorado en otro departamento de la universidad (Estudios religiosos), criticando al conocido autor y erudito William Lane Craig. Más o menos en la misma época, autopublicó un libro titulado *There Was No Jesus, There is No God* ("Jesús no existió, Dios no existe").

Siendo evidente el profundo compromiso de aquel alumno con una causa, no me senté demasiado mal que no hubiera logrado convencerle de lo idiosincrático que resulta, dentro de la esfera académica secular, proponer la inexistencia de Jesús de Nazaret. Es como oponerse a la vacunación o abogar por la teoría de la Tierra plana, sin tener en consideración la ciencia popular. Rechazó sin pestañear lo que llamaba "métodos atroces" de los historiadores de Jesús. No me ofendió. Agradecí tener la oportunidad de ofrecer una respuesta a las afirmaciones de mi alumno.[7]

Pero la idea central que quiero dejar clara aquí no son los detalles históricos; en este libro tendremos mucho espacio para analizarlos. Quiero hacer la observación de que, a veces, el escepticismo puede ser tan dogmático como el fundamentalismo. Ambas cosas pueden ser imágenes especulares la una de la otra.

LANZANDO UN DESAFÍO

Hace unos años, motivado por lo que pudo ser un ataque de confianza excesiva, yo estaba tan convencido de que la

---

7   abc.net.au/religion/articles/2014/12/24/4154120.htm (consultada el 4 de junio de 2019).

existencia de Jesús estaba más allá de toda duda dentro del mundo académico secular contemporáneo que publiqué un desafío en la ABC (la televisión pública australiana): si alguien podía encontrar *a un solo* profesor de Historia antigua, clásica o de Nuevo Testamento, en alguna universidad real de algún punto del mundo, que sostuviera que Jesús no vivió jamás, me comería una página de mi Biblia.[8]

La reacción en las redes sociales fue divertida, porque varios amigos escépticos (y algunos que no eran precisamente amigos) se propusieron conseguir que me comiera la Sagrada Escritura. A medida que pasaban las horas y los días, me propusieron toda una batería de nombres: profesores de psicología, literatura inglesa, filosofía, folclore (sí, no es broma) y lengua alemana, pero *ni un solo* profesor de ninguno de los campos relevantes para la materia. Mi Biblia estaba a salvo.

Desde entonces, y sin proponérmelo, he descubierto que existe un grupo de ateos en Australia decidido a recoger el guante de mi reto, y parece ser que cada vez que encuentran a un profesor que niega la existencia histórica de Jesús, tienen la intención de entrar corriendo en mi despacho, cámara en mano, y hacer que me coma una página de mi Biblia para que el público de internet lo disfrute en directo.

UN ATAJO HACIA EL CONSENSO ACADÉMICO

Tanto si ahí fuera hay algún profesor habilitado que niegue que Jesús haya vivido como si no, hay un sencillo atajo para que quienes no son especialistas confirmen que existe realmente un consenso entre los eruditos *seculares* contemporáneos, que sostiene que el esquema general de la vida de Jesús tiene un fundamento histórico. Esto no *demuestra* que Jesús existiera, pero sí que los eruditos profesionales

---

8 abc.net.au/2014-10-17/dickson-ill-eat-a-page-from-my-bible-if-Jesús-didnt-exist/5820620 (consultada el 4 de junio de 2019).

(incluso fuera de las instituciones religiosas) opinan que no hay dudas reales de su existencia.

Todo el que pueda consultar una biblioteca pública o universitaria seria podrá acceder a las obras estándar de referencia en las disciplinas de historia antigua y los clásicos. Las grandes editoriales académicas publican compendios que pretenden describir las ideas relevantes de todo aquello que es histórico. Hay como mínimo *cinco* de estas obras que se considerarían autorizadas y relevantes dentro del mundo académico secular y angloparlante.

CINCO EJEMPLOS DEL CONSENSO

La primera obra es el famoso volumen del *Oxford Classical Dictionary* (publicado por Oxford University Press), que resume la erudición sobre todo lo grecorromano en poco más de 1700 páginas. La entrada sobre el origen del cristianismo (que ocupa varias páginas) empieza exponiendo lo que puede saberse fidedignamente sobre Jesús de Nazaret. Los lectores descubrirán que no se plantea ninguna duda sobre los hechos básicos: que este maestro-sanador vivió realmente y murió de verdad, ejecutado por crucifixión.

La siguiente es una obra mucho más extensa en catorce volúmenes, la *Cambridge Ancient History* (publicada, claro está, por Cambridge University Press). El volumen 10 abarca el periodo de Augusto, justo hasta la época en que vivieron Tiberio, Livia, Plinio el Viejo y Jesús. Tiene un capítulo muy amplio sobre el nacimiento del cristianismo. La entrada comienza con un par de páginas que esbozan lo que se sabe de la vida y la muerte de Jesús, incluyendo su predicación sobre el reino de Dios, su confraternización con los pecadores, etc. No plantea dudas sobre la autenticidad de estos elementos clave de la historia de Jesús.

La tercera obra estándar relevante también la ha publicado en el Reino Unido la editorial Cambridge University Press. Es la *Cambridge History of Judaism*, en cuatro volúmenes. El tercer volumen abarca el Imperio Romano temprano. Hay distintos capítulos que hacen referencia *de pasada* a Jesús como un personaje interesante de la historia judía. Un capítulo de 60 páginas se centra totalmente en Jesús, y fue escrito por dos eruditos destacados, ninguno de los cuales tiene reparo alguno en rechazar porciones del relato neotestamentario cuando piensa que las evidencias indican lo contrario. El capítulo ofrece un relato excelente de lo que piensan los expertos actuales sobre el Jesús histórico. Su enseñanza, su fama como sanador, su apertura a los pecadores, la elección de "los doce" (apóstoles), sus actos proféticos (como la evacuación del templo), sus conflictos con las elites y, por supuesto, su muerte en una cruz: *todas* estas cosas están consideradas eventos más allá de toda duda. Los autores no hablan de la resurrección (como era de esperar), pero admiten, como hecho histórico, que los primeros discípulos de Jesús…

> *…estaban plenamente convencidos de que Jesús de Nazaret había resucitado y era el Señor, y un gran número de ellos estaban seguros de que se les había aparecido.*

LAS INSCRIPCIONES

La cuarta obra estándar procede de un ángulo totalmente distinto, y resulta muy reveladora para todo el que imagine que dentro del entorno académico mayoritario hay dudas sobre la existencia de Jesús. El monumental *Corpus Inscriptionum Iudaeae/Palaestinae* (de una editorial alemana que tiene 260 años, De Gruyter), es un compendio reciente en seis volúmenes de todas las inscripciones conocidas en Judea/Palestina durante el periodo de mil años que va desde Alejandro

Magno hasta Mahoma. En la obra aparece una foto de cada inscripción (en caso de que aún se conserve), seguida de un análisis de su fecha, su contexto y su contenido.

A alguno le sorprenderá leer la entrada 15 de las inscripciones de Jerusalén: "Título en la cruz de Jesús en tres idiomas: arameo, latín y griego, *circa* 30 d. C.". Aparecen las cuatro menciones de la inscripción en los Evangelios (que decía, básicamente, "Jesús de Nazaret, rey de los judíos"), seguidas de un breve comentario sobre la práctica romana de indicar en una placa el motivo de la ejecución de un reo de muerte. La entrada afirma luego: "Por lo tanto, no hay motivos para dudar de la tradición que sostiene que en la cruz de Jesús se fijó un *titulus* que señalaba el motivo de su condena por orden de Pilato".

Para el propósito que me ocupa, la idea no es solo que este volumen afirma el pequeño detalle del cartel sobre la cruz de Jesús; seguramente eso tiene un interés muy secundario para la mayoría de lectores. La idea es que este compendio histórico único e incomparable de las inscripciones antiguas acepta *como hecho absoluto* que la figura judía de Jesús existió, que provocó un escándalo de algún tipo y que acabó en una cruz romana.

El quinto y último ejemplo es *Brill's New Pauly: Encyclopaedia of the Ancient World* (publicada por Brill Academic). Es un compendio clásico de Historia Antigua en alemán, traducido ahora al inglés en veinte volúmenes. Puedes comprar la colección por el módico precio de 5.795 euros (algo más de 5000 libras o 6600 dólares). Por supuesto, tiene una entrada que habla del Jesús histórico, con un total de 5239 palabras (no las he contado yo; cada entrada te dice exactamente cuántas palabras contiene).

Esta obra se muestra escéptica sobre muchas de las cosas que aparecen en los Evangelios. No tiene ningún interés en apoyar la fe cristiana, pero tampoco expresa ni la más ligera duda sobre la existencia de Jesús, los temas básicos de su enseñanza, su reputación como sanador y su crucifixión.

MÁS ALLÁ DE TODA DUDA

Ninguna de estas cinco obras es teológica, y ni siquiera remotamente religiosa. Son las obras de referencia seculares a las que recurren los expertos habitualmente para comprobar ciertos detalles y para obtener un resumen rápido de los hechos relevantes sobre prácticamente cualquier tema de la antigüedad que puedas imaginar. Cada volumen considera que la existencia de Jesús el maestro, el sanador y el mártir está más allá de toda duda.

Admito que este capítulo viene a ser lo que los filósofos llaman *un argumento desde la autoridad*; aún no hemos comenzado a explorar las evidencias directas de Jesús. Pero los argumentos desde la autoridad distan de ser falsos. Se usan constantemente en los tribunales, cuando el juicio de un testigo experto se considera evidencia. Además, todos confiamos en las autoridades para muchas de las cosas que *sabemos* sobre el mundo. Por ejemplo, si no soy un físico de partículas, tendré que fiarme de los expertos para prácticamente todo lo que sé sobre el átomo. Cuando me entero de que unos físicos de partículas han llegado a un consenso según el cual el bosón de Higgs existe y tiene una masa aproximada de 125 GeV/c2, estará justificado que acepte ese consenso como un atajo que me permita llegar a un conocimiento fiable del tema.

Cuando estudiamos los temas históricos sucede lo mismo. El hecho de que exista un consenso evidente entre los eruditos, que coloca la existencia de Jesús *más allá de toda duda* debe contar para algo; no lo es todo, pero sí es algo.

En resumen

La afirmación de que Jesús de Nazaret ni siquiera existió prácticamente carece de apoyos en el mundo de la erudición contemporánea. Todos los compendios estándares (y seculares) de historia antigua consideran que la esencia de la historia (que un maestro galileo popular que también era un famoso sanador y se llamaba Jesús fue crucificado en Jerusalén por orden de Poncio Pilato) está más allá de toda duda razonable.

Lecturas

Breve resumen de la vida de Jesús en un discurso (del apóstol Pedro) que se recoge en el libro de Hechos

[Pedro dijo:] Dios envió mensaje a los hijos de Israel, anunciando el evangelio de la paz por medio de Jesucristo; éste es Señor de todos. Vosotros sabéis lo que se divulgó por toda Judea, comenzando desde Galilea, después del bautismo que predicó Juan: cómo Dios ungió con el Espíritu Santo y con poder a Jesús de Nazaret, y cómo éste anduvo haciendo bienes y sanando a todos los oprimidos por el diablo, porque Dios estaba con él. Y nosotros somos testigos de todas las cosas que Jesús hizo en la tierra de Judea y en Jerusalén; a quien mataron colgándole en un madero. A éste levantó Dios al tercer día, e hizo que se manifestase; no a todo el pueblo, sino a los testigos que Dios había ordenado de antemano, a nosotros que comimos y bebimos con él después que resucitó de los muertos. Y nos mandó que predicásemos al pueblo, y testificásemos que él es el que Dios ha puesto por Juez de vivos y muertos. De éste dan testimonio todos los profetas, que todos los que en él creyeren, recibirán perdón de pecados por su nombre.

HECHOS CAPÍTULO 10, VERSÍCULOS 36 AL 43.
(HECHOS 10:36-43).

4
La búsqueda histórica de Jesús

Durante los dos últimos siglos se han emitido numerosos y cambiantes juicios académicos sobre la persona de Jesús, hasta que al fin se ha llegado a algo *que se acerca* a un consenso moderno sobre el transcurso general de su vida. Esto es así en muchas disciplinas académicas.

El viaje de la ciencia hacia las aseveraciones fidedignas sobre el mundo es el resultado de una tremenda cantidad de datos nuevos y de instrumentos de investigación mucho mejores que los del pasado. De forma parecida, la búsqueda del Jesús histórico se ha beneficiado de numerosos descubrimientos y de métodos enormemente mejorados a lo largo de muchas generaciones de análisis críticos. Quizá el secreto mejor guardado de todos es que esta disciplina académica no se ha vuelto *más* escéptica, sino menos, cuando habla de la vida de Jesús.

El hecho de que muchas personas del público general sigan teniendo la impresión de que los expertos creen que sabemos poco de Jesús no es más que una consecuencia del hecho de que la cultura suele llevar un retraso de treinta años con respecto a la academia. Es frecuente que los libros de texto hablen de tres fases en la investigación (tres "búsquedas") de la vida de Jesús.

LA PRIMERA BÚSQUEDA: EL JESÚS RACIONALISTA

La primera de estas búsquedas de Jesús nació durante la Ilustración, ese movimiento que se extendió por Europa en los siglos XVII y XVIII, y que rompió con las tradiciones del pasado, tanto la filosofía de Aristóteles como el dogma de la Iglesia. Como alternativa, enfatizó la capacidad de la *razón* humana para descubrir cuáles son las certezas de este mundo. Esa celebración de la razón pronto centró su atención en un personaje que había sido crucial en la cultura occidental hasta ese momento: Jesús de Nazaret.

A la cabeza del movimiento dedicado a poner en tela de juicio al Jesús "tradicional" y descubrir la figura histórica supuestamente originaria hallamos a un profesor de Hamburgo, Alemania, llamado Hermann Samuel Reimarus (1694-1768). Llevaba mucho tiempo teniendo reservas sobre la doctrina cristiana. Pensaba que seguramente había un Dios, pero lo concebía solo como una Mente distante oculta tras el orden racional de la Creación. No creía que Dios entrase en el mundo por medio de Jesús para salvarnos y llevarnos a un etéreo "reino venidero". En su obra *Apología o defensa de los adoradores racionales de Dios* propuso que Jesús fue poco más que un rebelde judío que se opuso a los romanos, a quien sus seguidores elevaron más adelante a la condición de "Salvador" espiritual. El contraste moderno que oímos mencionar a veces entre "el Jesús de la historia" y "el Cristo de la fe" procede de Reimarus.

Otro pensador alemán de la Ilustración, llamado David Friedrich Strauss (1801-1874) siguió un derrotero distinto. En lugar de describir los Evangelios como engaños, Strauss sugirió que esos textos pueden leerse como "mitos". Con esto no quería decir sencillamente que fueran *falsos*. Lo que quería decir es que los Evangelios eran relatos metafóricos del impacto religioso que tuvo Jesús. Jesús no dio vista a los ciegos *de verdad*; ¡todo buen pensador ilustrado *sabía* que no existen los milagros! Strauss sostuvo que esos relatos pretendían recordar a los lectores la salud espiritual, o visión, que puede proporcionarnos Cristo. Su obra *La vida de Jesús examinado críticamente* fue uno de los libros más populares del siglo XIX. Su impacto todavía se deja sentir hoy siempre que alguien sugiere que los Evangelios son parábolas de verdades espirituales en lugar de biografías de una vida real.

Cabe destacar a otro académico de la Ilustración (hubo docenas de ellos que analizaron a Jesús desde este paradigma racionalista). Joseph Ernest Renan (1823-1892) fue un historiador y filósofo francés. Publicó *Vida de Jesús* en 1863, y es probable que se pueda atribuir a esta obra la idea, aún es tremendamente popular, de que Jesús fue un sencillo y agradable maestro de ética, no una figura mesiánica dotada de autoridad.

LA MUERTE DEL JESÚS RACIONALISTA

Todos estos retratos de Jesús (ya sea como rebelde político, símbolo de la vida superior o un simple maestro de ética) tienen dos cosas en común. Primero, sus autores no aplicaron al material del que disponían (los Evangelios) ningún método histórico discernible. Cada erudito se limitó a incluir determinadas evidencias y a excluir otras. No intentaron hacer lo que hoy día los historiadores consideran el fundamento de toda buena historia: leer todo el testimonio en los Evangelios a la luz de todo lo que se sabe gracias a otras fuentes sobre el entorno en el que se originó el testimonio (más adelante volveremos sobre esto).

Si Reinarus hubiera seguido este curso, ahora ya habitual, habría descubierto lo difícil que es hacer que Jesús encaje en el patrón de un luchador judío por la libertad.

Si Strauss hubiera leído los Evangelios comparados con la literatura más amplia del siglo I, habría percibido cuán estrechamente coinciden los Evangelios *no* con la literatura mítica del periodo, sino con las numerosas biografías históricas del momento. Y si Renan hubiera consultado los materiales judíos generales sobre esa era, habría observado lo bien que la teología y la escatología (es decir, las ideas sobre un *reino venidero* futuro) de Jesús coincidían con las esperanzas de muchas personas de su época, y cómo sus enseñanzas éticas no se pueden entender sin contar con esa teología escatológica.

El segundo denominador común de esos retratos es que, al mirarlos de cerca, todos se leen como intentos (inconscientes) de *proyectar* sobre una figura del siglo I la ética y la filosofía de la Ilustración de los siglos XVIII y XIX. Fueron intentos de justificar ideas preconcebidas, y hubo un coloso de la academia de principios del siglo XX que asumió la tarea de señalar que había sido así, y de derrumbar toda la búsqueda ilustrada de Jesús mediante un humilde volumen. El libro se tituló *The Quest of the Historical Jesus* ["La búsqueda del Jesús histórico"], y su autor fue Albert Schweitzer (1875-1965).

EL FINAL DE LA PRIMERA BÚSQUEDA

Albert Schweitzer tenía un intelecto excepcional. Tenía un doctorado en Filosofía, otro en Teología, y más tarde se licenció en Medicina. Después de labrarse una reputación como la autoridad máxima en la música de J. S. Bach (y como experto organista), Schweitzer concentró su considerable capacidad analítica en el estudio de Jesús. Publicó varios libros innovadores sobre el cristianismo, pero de entre sus obras la que tuvo mayor impacto fue la que hablaba de Jesús. No exageramos al decir que en el campo de los orígenes del cristianismo, Schweitzer fue como un Albert Einstein: después de él las cosas ya no iban a ser igual.

The Quest of the Historical Jesus se publicó en 1906.[9] Fue sobre todo una crítica mordaz a los 150 años anteriores de estudios académicos, incluyendo los de Reinarus, Strauss, Renan y muchos otros. Apeló a los expertos a prestar más atención a las fuentes antiguas por sí mismas, y a dejar de permitir que su "Jesús preferido" determinase qué evidencias tendrían en cuenta y cómo iban a gestionarlas. Schweitzer llegó a la conclusión de que el Jesús de la Ilustración era poco más que "una figura diseñada por el racionalismo, a quien insufló vida el liberalismo y a la que vistió con un ropaje histórico la teología moderna" (p. 396). En otras palabras, ese "Jesús" en realidad fue únicamente un racionalista que quiso sustituir la teología dogmática de la Iglesia por su propia contrateología dogmática.

Schweitzer solo proporcionó un pálido retrato de Jesús, lo que él llamaba "un esbozo", y nadie le pudo acusar de proyectar sus propias preferencias sobre aquel galileo de la antigüedad. Según el análisis de Schweitzer, Jesús fue "un profeta escatológico" quien advirtió a Israel de su aciago destino inminente, llamando al pueblo a protegerse del juicio *acudiendo a él*. Por lo tanto, su muerte (que, afirmaba Schweitzer inconmoviblemente, Jesús organizó y provocó) fue un intento consciente de llevar sobre sus espaldas la gran catástrofe que se avecinaba sobre el mundo, de modo que al menos unos pocos (sus discípulos) evitasen el juicio y entrasen en un nuevo orden mundial: "el reino de Dios". Antes de escribir este párrafo releí la obra de Schweitzer: es un material que hace reflexionar.

---

9   Por supuesto, se publicó primero en alemán. Una traducción estándar al inglés es *The Quest of the Historical Jesus* (Dover Publications, 2005).

Schweitzer admitió que no sabía qué hacer con ese Jesús escatológico. Su retrato no era tan *atemporal* como el relato mítico de Strauss que ofrecía una visión espiritual; tampoco era inmediatamente *relevante* como aquel encantador ético galileo de Renan. Pero era *histórico*. Ese era el objetivo de Schweitzer. Estaba dispuesto a sacrificar la importancia religiosa personal de Jesús a cambio de un relato preciso de su vida y de sus metas. Se lamentaba diciendo: "Para nuestra época, el Jesús histórico será un desconocido y un enigma" (p. 397).

No queda claro si Schweitzer conservó la fe cristiana de su juventud; su padre había sido ministro luterano. Pronto renunció a su carrera académica y se convirtió en médico entre los leprosos de Gabón, en África Occidental. Cuando hace unos años visité su hogar natal, que hoy día es un museo en Kaysersberg (actualmente parte de Francia), no pude evitar fijarme en todas las fotos hieráticas, casi severas, de su persona, tomadas el siglo anterior, y preguntarme qué pensaba realmente él de Jesús además de lo que expuso en su "esbozo".

Sorprendentemente, el retrato que hizo Schweitzer del profeta escatológico que advirtió del juicio y llamó al mundo a acudir raudo a la seguridad de su visión del reino ha soportado en gran medida el paso del tiempo. De hecho, gracias al descubrimiento en las décadas de 1940 y 1950 de miles de textos judíos en unas cuevas junto al mar Muerto (los famosos Manuscritos de Qumrán), además de cientos de hallazgos arqueológicos en Galilea y Judea realizados durante las últimas décadas, este relato escatológico básico de Jesús es el único que goza del amplio consenso de los académicos, sea cual sea su postura particular. Me gustaría que Schweitzer siguiera vivo para ver cómo, gracias a las nuevas evidencias y métodos, su humilde "esbozo" se ha convertido en un maravilloso tapiz de conocimiento histórico.

Si Albert Schweitzer tiró por tierra lo que llamamos "la primera búsqueda" de Jesús (la de la Ilustración), también despejó el camino para el vasto programa académico que hoy conocemos como "la tercera búsqueda" de Jesús.

LA SEGUNDA BÚSQUEDA DE JESÚS

Quizá te preguntes qué sucedió durante "la segunda búsqueda" de Jesús. Pues no mucho. Durante los cincuenta años posteriores a Schweitzer, a los eruditos les ponía nerviosos analizar al Jesús histórico. Schweitzer no solo había perturbado a los académicos con la revelación de que resulta fácil *proyectar* sobre Jesús nuestras propias preferencias culturales, sino que su esbozo hizo que la gente le diera vueltas a qué utilidad podía tener un profeta escatológico para la filosofía, la teología, la ética o la cultura. Como resultado de ello, el número de obras sobre el Jesús histórico entre 1906 y la década de 1950 se redujo drásticamente.

Lo que llamamos la segunda búsqueda de Jesús fue un intento tremendamente prudente (que empezó a mediados de la década de 1950) de establecer determinados hechos básicos sobre el hombre de Nazaret. Ese proyecto tuvo un resultado y un impacto limitados. También se desvió del rumbo debido a una nueva metodología histórica bautizada como "el criterio de la doble disimilitud". Este enfoque afirmaba que el material de los Evangelios que no parecía judío o cristiano procedía, seguramente, del propio Jesús histórico. El razonamiento era sencillo: es poco probable que los escritores de los Evangelios inventasen un material que no encajara con su trasfondo judío o con las enseñanzas posteriores de sus iglesias. Por lo tanto, nadie se habría inventado las cosas que son "disímiles" del judaísmo y del cristianismo.

Pero, como muchos han señalado desde entonces, eso es como intentar descubrir al *verdadero* Winston Churchill excluyendo toda la "inglesidad" y todo lo que sucedió en Gran Bretaña antes y después del que fuera gran primer ministro en tiempos de guerra.

LA TERCERA BÚSQUEDA DE JESÚS

La segunda búsqueda de Jesús quedó rápidamente sobrepasada por lo que hoy día se llama "la tercera búsqueda". Los practicantes de este proyecto (la inmensa mayoría de los miles de expertos modernos) se esfuerzan por hacer lo que los defensores de la segunda búsqueda vacilaron en hacer (o incluso evitaron hacer): interpretar a Jesús *proyectándolo sobre el trasfondo de todo lo que sabemos de la cultura judía* en el periodo romano.

En lugar de intentar aislar *determinadas* expresiones de Jesús que no suenan muy judías o muy cristianas, los practicantes de la tercera búsqueda siguen un enfoque mucho más típico de la mayoría de historiadores modernos que estudian la antigüedad. Prestan atención a todos los retratos de Jesús presentes en las diversas fuentes de que disponemos, y evalúan la plausibilidad de cada uno al compararlos con todo lo que sabemos del trasfondo espaciotemporal de Jesús.

El punto de partida para todo estudio histórico válido consiste en decidir qué *encaja* y qué no. Incluso si nunca podemos verificar plenamente detalles concretos de la vida y del pensamiento de un personaje, debemos aspirar a emitir un juicio amplio sobre la plausibilidad general de nuestros relatos. Así es como los historiadores investigan vidas como las de Alejandro Magno, Cleopatra, el emperador Tiberio y todas las demás. También es el punto de partida para estudiar a Jesús.

A los historiadores de Jesús no suele interesarles demostrar los detalles exactos de algo que Jesús dijo o hizo (tal y como los cristianos aceptan cada palabra del Nuevo Testamento como un texto de inspiración divina), pero no se apresuran a rechazar lo que leen en los Evangelios de la manera en que algunos escépticos rechazan instintivamente lo que no puede corroborarse por vías externas. Quienes participan en la tercera búsqueda suelen interesarse más por decidir si lo que se dice de Jesús (o lo que él dice) en los Evangelios *encaja* plausiblemente con nuestro conocimiento más amplio de su época y del lugar donde vivió. Si encaja, se puede incluir con prudencia en nuestra creciente base de datos de características creíbles que nos proporcionan los retratos de Jesús en los Evangelios. A medida que va creciendo la base de datos de características plausibles, los historiadores empiezan a adelantar hipótesis sobre *qué tipo de judío era Jesús, cuáles podían ser sus objetivos, por qué pudo tener problemas con las autoridades de Jerusalén y las romanas*, etc. Estas hipótesis siempre dependen de la aparición de nuevas evidencias o de una interpretación mejor de las evidencias antiguas. Y con suerte, con el tiempo, va surgiendo una imagen sólida del Jesús histórico.[10]

Por lo tanto, la idea central de la tercera búsqueda es permitir que las palabras y los actos de Jesús tal como están registrados en nuestras fuentes queden iluminados por la política, la cultura, la geografía, la economía y la religión de la Galilea y la Judea del primer siglo. En lugar de desear que Jesús sea un tipo determinado de personaje (quizá un simple maestro moral o el Señor y Salvador del mundo), el método histórico correcto somete todo pensamiento, sea escéptico o religioso, a todas las evidencias de la época con las que contamos. A este sistema podemos llamarlo *el criterio de la plausibilidad histórica* (de hecho, así es exactamente como lo llaman algunos eruditos): *¿hasta qué punto el testimonio de Jesús que aparece en nuestras fuentes directas (por ejemplo, los Evangelios o las epístolas de Pablo) es coherente o interactúa*

---

10 El gran nombre en el campo de la filosofía y la metodología de la historia, en lo tocante al estudio de Jesús, es Jens Schröter de la Humboldt University en Berlín: ver su obra *From Jesus to the New testament: Early Christian Theology and the Origin of the New Testament Canon* (Baylor University Press, 2013).

con las enseñanzas y los eventos que sabemos que tuvieron lugar en su época?

Cuando el grado de coherencia (o de interacción) es elevado, los historiadores tienden a confiar en que el testimonio es plausible. Cuando el grado es bajo, los historiadores suelen mostrarse precavidos.

El resto de este libro desvelará algunos de los descubrimientos específicos de la tercera búsqueda, y proporcionará algunas reflexiones sobre el significado que tiene todo esto para nosotros. A diferencia de Schweitzer, no soy tan pesimista como para decir que "para nuestra época, el Jesús histórico será un desconocido y un enigma".

En resumen

Un peligro inherente al estudio de Jesús es la tentación de proyectar sobre él nuestras preferencias. Buena parte de los primeros estudios sobre Jesús, sobre todo durante la Ilustración, cayeron de lleno en esta trampa. Pero los expertos contemporáneos no son inmunes a ella. La única defensa contra este paso en falso intelectual es prestar mucha atención a *todas* las fuentes disponibles, tanto los escritos directos sobre Jesús como los documentos de fondo de su época, sobre todo los *judíos*.

Lecturas

El elemento escatológico en la enseñanza de Jesús

Entonces comenzó a reconvenir a las ciudades en las cuales había hecho muchos de sus milagros, porque no se habían arrepentido, diciendo: ¡Ay de ti, Corazín! ¡Ay de ti, Betsaida! Porque si en Tiro y en Sidón se hubieran hecho los milagros que han sido hechos en vosotras, tiempo ha que se hubieran arrepentido en cilicio y en ceniza. Por tanto os digo que en el día del juicio, será más tolerable el castigo para Tiro y para Sidón, que para vosotras. Y tú, Capernaum, que eres levantada hasta el cielo, hasta el Hades serás abatida; porque si en Sodoma se hubieran hecho los milagros que han sido hechos en ti, habría permanecido hasta el día de hoy. Por tanto os digo que en el día del juicio, será más tolerable el castigo para la tierra de Sodoma, que para ti. En aquel tiempo, respondiendo Jesús, dijo: Te alabo, Padre, Señor del cielo y de la tierra, porque escondiste estas cosas de los sabios y de los entendidos, y las revelaste a los niños. Sí, Padre, porque así te agradó.

Todas las cosas me fueron entregadas por mi Padre; y nadie conoce al Hijo, sino el Padre, ni al Padre conoce alguno, sino el Hijo, y aquel a quien el Hijo lo quiera revelar. Venid a mí todos los que estáis trabajados y cargados, y yo os haré descansar. Llevad mi yugo sobre vosotros, y aprended de mí, que soy manso y humilde de corazón; y hallaréis descanso para vuestras almas; porque mi yugo es fácil, y ligera mi carga.

MATEO CAPÍTULO 11, VERSÍCULOS 20 AL 30.
(MATEO 11:20-30).

5
Profeta liberal, mártir sacrificado

Como ya dije en el capítulo anterior, la característica central de la tercera búsqueda de Jesús en nuestros días imita el método histórico empleado por los historiadores que estudian otros personajes del periodo, ya sea al emperador Augusto (63 a. C. – 14 d. C.), a Flavio Josefo (37-100 d. C.) o a Plinio el Joven (61-112 d. C.).

Los historiadores recopilan todo el material a su alcance que esté relacionado con la geografía, la cultura, la política y los documentos del periodo en el que vivió el personaje, y luego, con ese material de trasfondo, leen las fuentes *directas* relativas a esta figura. Esto nos permite evaluar la plausibilidad general del testimonio concreto sobre el personaje. El objetivo no es necesariamente verificar los detalles o las afirmaciones precisas (aunque en ocasiones es posible hacerlo), sino probar si estamos tratando con un testimonio razonable, una fantasía descarada o algo a medio camino entre ambas cosas.

En este capítulo pretendo ofrecer algunos ejemplos de este punto de partida metodológico de la tercera búsqueda (a la que ahora llamaré simplemente *erudición contemporánea sobre Jesús*). Dos de los ejemplos tienen que ver con su enseñanza; uno está relacionado con su muerte. Tengo la esperanza de que estos dejen claro por qué incluso los historiadores a quienes no les interesa en absoluto beneficiar la Escritura y la doctrina cristianas están de acuerdo, sin embargo, en que la figura básica que se expone en las fuentes cristianas tempranas no puede ser de ninguna manera un personaje de cuento de hadas.

LAS DISCUSIONES SOBRE EL DÍA DE REPOSO

Los Evangelios nos cuentan que Jesús discutió con otros maestros judíos sobre lo que se consideraba *trabajo* durante el día de reposo, el día de descanso obligatorio. Para los judíos de entonces, como para los actuales, "guardar el día de reposo" dejando de trabajar formaba una parte inmensamente importante de su creencia y de su cultura. Pero lo que se debatía con ardor era precisamente qué se entendía por "trabajo".

En respuesta a la crítica de que Jesús desempeñaba su ministerio durante el día de reposo, él respondió que:

> *¿Quién de vosotros, si su asno o su buey cae en algún pozo, no lo sacará inmediatamente, aunque sea en día de reposo?*
>
> LUCAS CAPÍTULO 14, VERSÍCULO 5.
> (LUCAS 14:5).

Su conclusión es que debería ser permisible *hacer el bien* el día de reposo.

Hablando en términos estrictos, no hay manera de demostrar que Jesús pronunció esas palabras: para confirmarlo, tendríamos que encontrar una segunda fuente independiente. Pero si pudiéramos verificar que este tema era objeto de candentes debates entre los judíos durante la época y el lugar geográfico concretos de Jesús, tendríamos motivos razonables para concluir que Lucas plasma *el tipo de conversación* que Jesús mantenía con sus contemporáneos. Recuerda que la historia (como la vida) es más fructífera si empezamos estando abiertos al testimonio humano. Esto no significa que aceptemos ingenuamente todo lo que nos digan, pero tampoco que declaremos que nuestras fuentes son "culpables hasta que se demuestre lo contrario".

LOS ESENIOS

Se ha demostrado que uno de los documentos principales de los manuscritos del mar Muerto, escrito en Judea en el periodo inmediatamente anterior a Jesús, es muy relevante para estos debates sobre el día de reposo. Se llama *documento Damasco*, y establece algunas de las normas según las que vivía esa comunidad de judíos, los esenios.

Los esenios se consideraban a sí mismos los *más* elegidos de entre los escogidos del pueblo israelita. Desde su punto de vista, la mayoría de los judíos eran malvados. Tal como lo expresa la introducción del documento Damasco: "ellos [los otros judíos] buscaban interpretaciones fáciles, buscaban espejismos, escrutaban los vacíos legales", etc. Por el contrario, los esenios contaban con la bendición de entender la verdadera interpretación de la ley de Dios que les transmitía un misterioso "maestro de justicia", quizá el fundador de su comunidad. Ese maestro estableció las reglas idóneas para la vida judía, incluyendo qué hacer cuando un animal de tu rebaño, o incluso uno de tus vecinos, se caía a un pozo el día de reposo:

> Nadie debe ayudar a un animal a dar a luz el día de reposo. Y si cae en un pozo o una zanja, no debe sacarlo durante el día de reposo. Si un hombre vivo cae en un contenedor de agua o en un depósito el día de

reposo, nadie debería sacarlo usando una escalera o una cuerda.

DOCUMENTO DAMASCO, 11.13-17

Es justo decir que quienes redactaron los manuscritos del mar Muerto no creían en "interpretaciones fáciles" ni en "vacíos legales". Para ellos, la clave de una vida justa y el camino hacia la bendición de Dios pasaba por la interpretación estricta de la ley.

Existe un vínculo claro entre las declaraciones de Jesús sobre el día de reposo y las enseñanzas del documento Damasco. Es evidente que la gente de aquella época debatía si el hecho de ayudar a un animal o a una persona a salir de un pozo (un accidente bastante habitual en el mundo antiguo) constituía un "trabajo" y, por consiguiente, estaba prohibido en el día de reposo. A la luz de este texto es razonable sugerir que Jesús probablemente *sí* participó en debates sobre las normas del día de reposo, como dicen los Evangelios. También podemos llegar a la conclusión, posiblemente, de que Jesús tendía a adoptar la postura *más liberal* sobre ese asunto.

¿Algo de esto demuestra que Jesús pronunció las palabras exactas "¿Quién de vosotros, si su asno o su buey cae en algún pozo, no lo sacará inmediatamente, aunque sea en día de reposo?" *No*. Pero, ¿aumenta la confianza de los historiadores en que el testimonio del Evangelio sobre este tipo de asuntos es histórico? *Sí*.

UN PROFETA DEL "REINO VENIDERO"

Déjame poner otro ejemplo de cómo enmarcar la historia de Jesús en el contexto judío. Todo el que abra un Evangelio descubrirá enseguida que el tema central de la enseñanza de Jesús era "el reino de Dios". Solo en el Evangelio de

Marcos (que suele considerarse el primer Evangelio que se escribió, entre el año 60 y 70 del siglo I) la expresión aparece 18 veces, es decir, más de una vez por capítulo. También es lo primero que dijo Jesús, según el Evangelio:

> Después que Juan [el Bautista] fue encarcelado, Jesús vino a Galilea predicando el evangelio del reino de Dios, diciendo: El tiempo se ha cumplido, y el reino de Dios se ha acercado; arrepentíos, y creed en el evangelio.
>
> MARCOS CAPÍTULO 1, VERSÍCULOS 14 AL 15.
> (MARCOS 1:14-15).

Según los Evangelios, "el reino de Dios" era un tema muy importante para Jesús. Pero, ¿es *histórico*? ¿Quién puede decir que este tema no lo inventaron más tarde unas personas desesperadas por encontrar en Jesús su billete al paraíso?

De entrada, la expresión "reino de Dios" en los Evangelios suena más a una revolución política que llegase al mundo que un lugar etéreo al que vamos todos tras la muerte. Los posteriores intereses teológicos sobre la vida tras la muerte no figuran mucho en la enseñanza de Jesús. Parece que él se interesaba más por la derrota del mal y por el establecimiento de la justicia. Habló de la destrucción de un orden y "la regeneración" de todas las cosas (Mateo capítulo 19, versículo 28). En pocas palabras, "el reino de Dios" consiste en que el Todopoderoso haga algo respecto al caos en que se encuentra el mundo, demostrando al final que es el Rey sobre toda la Creación.

¿DE DÓNDE HA SALIDO ESTO?

La pregunta histórica es: ¿de dónde salió este tema del reino de Dios si no surgió de la inquietud posterior para "ir al cielo"? Resulta fascinante que los líderes cristianos en las décadas posteriores a Jesús, cuyas cartas constituyen el núcleo más denso del resto del Nuevo Testamento, solo mencionen de pasada el reino de Dios. *Dan por hecho* el tema, pero apenas enseñan nada usando esta expresión concreta. Esto sugiere que el trasfondo histórico del tema del reino de Dios debe hallarse *en un momento más temprano* dentro del entorno judío inmediato a Jesús.

El Antiguo Testamento, o lo que el pueblo judío llama *Tanaj* o *Torá*, pocas veces usa expresiones parecidas a "el reino de Dios". Sin embargo, hay otros escritos judíos inmediatamente anteriores a Jesús que *sí* que usan esa frase, y de forma parecida. Los manuscritos del mar Muerto contienen unos pocos ejemplos importantes, pero también lo hace un tipo de texto muy distinto que se escribió más o menos en la misma época, apenas unas décadas antes de Jesús.

Los *Salmos de Salomón* son una serie de poemas o de cánticos escritos por líderes judíos poco después de que los romanos se hicieran con el control de Judea en el año 63 a. C. Los cánticos no eran el tipo de literatura que pudiera gustar a las autoridades imperiales, dado que uno de sus temas dominantes era que el Dios de Israel pronto aplastaría a los "pecadores" despóticos que se habían atrevido a arrasar Jerusalén. En lugar de los pecadores (los romanos), Dios levantaría a los "justos", que ocuparían el lugar que les correspondía en el nuevo orden mundial. A esta gran transformación se le llama "el reino". El cántico empieza diciendo:

> *Señor, tú eres rey para siempre,*
> *porque en ti, oh Dios, se enorgullece nuestra alma.*
> *Esperamos en Dios nuestro Salvador,*

pues la fortaleza de nuestro Dios es para siempre con su
misericordia.
*Y **el reino de nuestro Dios** es para siempre,*
y juzga sobre todas las naciones.
Señor, tú elegiste a David como rey sobre Israel,
e hiciste juramento con él y sus descendientes para siempre,
diciendo que su reino nunca caería delante de ti...

SALMOS DE SALOMÓN, 17 [CURSIVAS DEL AUTOR]
(SALMOS 17).

Esta canción prosigue con el tono propio de un lamento, y luego hace un giro para declarar que, aunque los pecadores han desafiado temporalmente el reino, pronto serán derrocados por el descendiente prometido del antiguo rey David (el Mesías):

Mira, Señor, y levanta para ellos su rey,
el hijo de David,
que gobierne sobre tu siervo Israel,
para destruir a los gobernantes impíos,
para librar a Jerusalén de los gentiles,
para expulsar a los pecadores de la heredad;
para destruir la arrogancia de los pecadores como vasija
de alfarero.

Hace unos años tuve el gran privilegio de consultar una copia temprana de los *Salmos de Salomón*, que se conserva en el antiguo lenguaje siriaco. Estaba rodando una escena de un documental sobre el trasfondo de la vida de Jesús, y cuando pude tocar aquellas páginas (por supuesto, tras ponerme unos guantes blancos), me sentí como un niño en una tienda de caramelos; pude reflexionar sobre las esperanzas y los sueños de las personas que entonaron esos himnos patrióticos.

UN DISCURSO REVOLUCIONARIO

Un cántico como el que acabo de citar (compuesto en una época tan próxima a Jesús) nos da una idea precisa de cómo algunos de los judíos de aquel momento meditaban sobre el difícil periodo que estaban viviendo sometidos a los romanos, y cómo imaginaban su futuro. La expresión clave en la primera estrofa, "el reino de nuestro Dios", manifiesta un vínculo inmediato con la proclamación que hizo el propio Jesús del reino de Dios.

Independientemente de las obsesiones posteriores sobre la muerte y sobre el acceso al cielo, la enseñanza de Jesús sobre un reino venidero formaba parte integral de una inquietud anterior, presente en Judea y en Galilea, sobre los problemas del sufrimiento y de la tiranía, y sobre lo que Dios haría al respecto. En tiempos de Jesús, la gente anhelaba que el Todopoderoso interviniera y limpiara las lacras del mundo. La expresión que usaban para esa revolución era "el reino de Dios".

La predicación de Jesús, tal como la describen los Evangelios, *encaja* muy bien con las inquietudes concretas del pueblo judío en los albores del siglo I. Por supuesto, esto no *demuestra* que Jesús dijera las palabras exactas: "El reino de Dios se ha acercado. ¡Arrepentíos y creed en las buenas noticias!", pero sí que significa que el énfasis que ponen los Evangelios en "el reino de Dios" sigue la misma tónica de lo que podríamos esperar que anunciase un maestro judío del siglo primero en aquel sector del Imperio Romano.

UN REINO ABIERTO

La cita del decimoséptimo cántico de *Salmos de Salomón* proyecta luz también sobre el concepto radicalmente *distinto* que tenía Jesús del *carácter* del reino. Aunque no podemos confirmar la fraseología exacta que usaba Jesús, en sus enseñanzas podemos observar una fuerte tendencia que nos dice que el reino de Dios se preocupa especialmente por los que podríamos llamar "los más humildes". En lugar de la imagen de "guerra total" que encontramos en *Salmos de Salomón*, los Evangelios retratan a un Jesús que dice cosas como...

> *Bienaventurados los pobres en espíritu, porque de ellos es el reino de los cielos. Bienaventurados los que lloran, porque ellos recibirán consolación.*
> MATEO CAPÍTULO 5, VERSÍCULOS 3 AL 4.
> (MATEO 5:3-4).

> *Bienaventurados sois cuando por mi causa os vituperen y os persigan, y digan toda clase de mal contra vosotros, mintiendo.*
> MATEO CAPÍTULO 5, VERSÍCULO 11.
> (MATEO 5:11).

> *Decía también: ¿A qué haremos semejante el reino de Dios, o con qué parábola lo compararemos? Es como el grano de mostaza, que cuando se siembra en tierra, es la más pequeña de todas las semillas que hay en la tierra.*
> MARCOS CAPÍTULO 4, VERSÍCULOS 30 AL 31.
> (MARCOS 4:30-31).

> *Dejad a los niños venir a mí, y no se lo impidáis; porque de los tales es el reino de Dios. De cierto os digo, que el que no reciba el reino de Dios como un niño, no entrará en él.*
> MARCOS CAPÍTULO 10, VERSÍCULOS 14 AL 15.
> (MARCOS 10:14-15).

> *Más fácil es pasar un camello por el ojo de una aguja, que entrar un rico en el reino de Dios.*
> MARCOS CAPÍTULO 10, VERSÍCULO 24.
> (MARCOS 10:24).

En alguna ocasión, Jesús llegó incluso a defender el concepto contrario a la expectativa de que los extranjeros (o sea, los romanos) serían arrasados cuando llegase el reino. Tras una entrañable conversación con un centurión romano, Jesús anunció a su público israelita:

> *Y os digo que vendrán muchos del oriente y del occidente, y se sentarán con Abraham e Isaac y Jacob en el reino de los cielos; mas los hijos del reino serán echados a las tinieblas de afuera; allí será el lloro y el crujir de dientes.*
> MATEO CAPÍTULO 8, VERSÍCULOS 11 AL 12.
> (MATEO 8:11-12).

La enseñanza de Jesús sobre el reino de Dios no solo *encaja* con las amplias esperanzas de sus compatriotas judíos de la época; también parece desafiar o incluso confrontar deliberadamente algunas facetas de esos sueños.

Si *Salmos de Salomón* y algunos pasajes de los manuscritos del mar Muerto son un recurso por el que guiarse, queda claro que algunos judíos de aquella época querían que el reino de Dios cayese como un huracán de juicio sobre los pecadores del mundo. Sin embargo, Jesús prometió una pequeña "semilla de mostaza" que crecería lenta, humilde y casi imperceptiblemente, y que un día también incluiría a individuos "de oriente y de occidente". Según Jesús, el reino de Dios no era la empresa de unos luchadores por la libertad que ansiaban aplastar a sus señores paganos. A la luz de su llamado "amad a vuestros enemigos" y el mandato de poner la otra mejilla, es probable que pensase que la violencia usada para instaurar el reino de Dios *excluía* a las personas de los planes divinos. El reino era para los "mansos", los "niños" y todo aquel que recibiese su venida con humildad.

La actitud liberal de Jesús respecto al día de reposo y su proclamación profética del reino de Dios están ampliamente aceptadas entre los académicos contemporáneos, que las consideran históricamente plausibles. Estos temas *encajan* con lo que sabemos de su época y del lugar donde vivió; no hay motivos para dudar en estos casos de que los Evangelios han conservado un testimonio ampliamente preciso de su persona.

LA ÚLTIMA CENA

Otro ejemplo del punto de partida metodológico para evaluar a Jesús tiene que ver con su muerte, y en concreto con su manera de entenderla. Muchos académicos muy capacitados se muestran escépticos respecto a las referencias ocasionales que aparecen en los Evangelios a los momentos en que Jesús profetizó su propia muerte; sostienen que tales predicciones suenan demasiado a "profecías falsas", introducidas a posteriori en el relato. Pero la narración de la última vez que comió Jesús, la llamada Última Cena, nos ofrece contundentes evidencias de que Jesús tenía una visión particular de su muerte inminente. Esta es la escena tal como aparece en el Evangelio más antiguo:

> *Y mientras comían, Jesús tomó pan y bendijo, y lo partió y les dio, diciendo: Tomad, esto es mi cuerpo. Y tomando la copa, y habiendo dado gracias, les dio; y bebieron de ella todos. Y les dijo: Esto es mi sangre del nuevo pacto, que por muchos es derramada. De cierto os digo que no beberé más del fruto de la vid, hasta aquel día en que lo beba nuevo en el reino de Dios.*
> MARCOS CAPÍTULO 14, VERSÍCULOS 22 AL 25.
> (MARCOS 14:22-25).

Existen diversas indicaciones de que estas palabras encajan perfectamente en un entorno judío. La expresión "sangre del nuevo pacto" es un concepto israelita bien conocido, como lo es la referencia a tomar "del fruto de la vid" en el reino de Dios. Pero lo más importante (para el historiador) es que este pasaje es uno de los pocos en los que las *palabras* exactas de Jesús pueden quedar corroboradas, en parte, por una fuente externa. La misma escena, con una fraseología *casi* idéntica, aparece en una carta escrita por Pablo a Corinto sobre el año 56 d. C.:

> *Que el Señor Jesús, la noche que fue entregado, tomó pan; y habiendo dado gracias, lo partió, y dijo: Tomad, comed; esto es mi cuerpo que por vosotros es partido; haced esto en memoria de mí. Asimismo, tomó también la copa, después de haber cenado, diciendo: Esta copa es el nuevo pacto en mi sangre; haced esto todas las veces que la bebiereis, en memoria de mí.*
>
> I CORINTIOS CAPÍTULO 11, VERSÍCULOS 23 AL 25.
>
> (1 CORINTIOS 11:23-25).

Tanto el Evangelio de Marcos como la epístola de Pablo a los Corintios aparecen *ahora* en el Nuevo Testamento, pero originariamente los dos textos se compusieron *independientemente* uno del otro. Marcos no se basó en la carta de Pablo, y sin duda Pablo no conoció el Evangelio de Marcos. No fue hasta décadas más tarde cuando estos documentos se compilaron en un solo volumen al que llamamos el Nuevo Testamento.

Por lo tanto, estos dos relatos de la Última Cena deben reconocerse como dos versiones independientes, de mediados de siglo, del mismo testimonio básico sobre la última comida de Jesús. Aquí estamos tan cerca de corroborar las palabras concretas de Jesús como las de cualquier otro personaje de la época (con la excepción de los decretos imperiales). Jesús dijo que su "cuerpo" partido y su "sangre" vertida eran un "(nuevo) pacto" ofrecido no para sí mismo en calidad de mero martirio, sino "por vosotros", como sacrificio. Ed Sanders, un erudito de la Duke University que suele mostrarse escéptico, comenta:

> *El pasaje [sobre la Última Cena] cuenta con el mayor respaldo (histórico) posible... Sus palabras demuestran que era muy probable que Jesús supiera que era un hombre marcado.*[11]

Pero la pregunta más importante es: *¿cómo podría un judío del siglo I describir su propia muerte en términos de un sacrificio como lo hizo Jesús?* Las palabras "sangre vertida" son el tipo de cosas que el Antiguo Testamento (las Escrituras judías) dicen refiriéndose a los sacrificios *en el templo de Jerusalén*, donde hablan de la sangre de un cordero o de un cabrito "derramada" por los pecados de Israel. El judaísmo antiguo no sabía nada del sacrificio *humano* por los pecados.

¿O a lo mejor sí?

Las evidencias adicionales arrojan una luz muy distinta sobre estas cosas.

EL SACRIFICIO

Existe un texto judío muy interesante que se escribió mucho *después* del Antiguo Testamento, en torno a los tiempos de Jesús, y que deja claro cómo el lenguaje expiatorio de los sacrificios en el templo se podía aplicar a la muerte de los hombres y las mujeres justos. El documento se conoce como *4 Macabeos*.

El libro alaba a los mártires judíos que habían soportado horribles torturas a causa de su fe dos siglos antes, cuando el territorio de Judea estaba ocupado y gobernado por el despótico rey siro-griego Antíoco Epífanes IV (215-163 a. C.). La obra es de naturaleza eminentemente filosófica, pero recuerda esos espantosos sucesos históricos con objeto de

---

11 . E. P. Sanders, *The Historical Figure of Jesus* (Penguin, 1993), p. 263. Traducido al español como *La figura histórica de Jesús* (Ágora, Editorial Verbo Divino, 2020).

inspirar a los lectores a permanecer fieles a los mandamientos de Dios y no renunciar a la esperanza aun estando sometidos a los nuevos señores paganos (los romanos).

La historia central de *4 Macabeos* habla de la tortura y la muerte de un sacerdote llamado Eleazar, su esposa y sus siete hijos. La familia tuvo que soportar que les golpearan, los azotasen con látigos, les sacaran los ojos y por último los matasen mediante procedimientos distintos y horrorosos, todo por no renunciar a su fe judía. En determinado momento, la madre…

> …*vio cómo la carne de sus hijos era consumida por el fuego, cómo los dedos de sus manos y pies yacían esparcidos por el suelo, y la carne de sus cabezas hasta la barbilla expuesta como una máscara.*
>
> 4 Macabeos capítulo 15, versículo 15.
> (4 Macabeos 15:15).

Hay más detalles desagradables en este relato que voy a dejar de lado, porque la importancia clave de este texto (para mi propósito) no son los sucesos en sí mismos (que pueden ser precisos o no), sino la perspectiva del autor judío del siglo primero que escribió *4 Macabeos*. Él entiende el sufrimiento de aquella familia de justos como un sacrificio expiatorio por los fracasos de Israel. Cuando se acerca a la conclusión de su relato, anuncia:

> *Entonces estos, habiéndose consagrado por amor a Dios, ahora son honrados no solo con esta distinción [la vida eterna], sino también por el hecho de que por medio de ellos nuestros enemigos no prevalecieron contra nuestra nación, y el tirano fue castigado y nuestra tierra purificada, dado que ellos se convirtieron, por así decirlo, en un rescate por el pecado de nuestra nación. Por medio*

de la sangre de estos justos, y gracias a la expiación de su muerte, la providencia divina salvó a Israel, que había sido tratada ignominiosamente.

4 MACABEOS CAPÍTULO 17, VERSÍCULOS
20 AL 22 [CURSIVAS DEL AUTOR].
(4 MACABEOS 17:20-22).

Resulta que un israelita que gozaba de una gran educación en la época de Jesús pudo realmente teorizar sobre si la muerte de una persona justa era una *expiación* por los pecados del pueblo de Dios. El historiador que tiene en cuenta todas estas evidencias no tendrá dificultad alguna en imaginar que un judío galileo devoto como Jesús, que creía ser esencial para el reino de Dios, también podría haber dicho que su propia muerte a manos de los romanos *expiaba* la culpa de su pueblo, librándolo del juicio que caería sobre el mundo.

Esta interpretación de la muerte de Jesús (que parece ser la *propia* interpretación que él hizo de su muerte) resuelve una tensión que encontramos dentro de su mensaje. Jesús expuso de forma dramática su enseñanza de que el reino de Dios trastornaría el mundo y castigaría a los malvados. Este era el paradigma típico de los judíos. Pero Jesús también insistió en que los humildes y los indignos, procedentes "del oriente y del occidente", entrarían en ese reino. ¿Cómo encaja la predicación de Jesús sobre el estricto juicio divino con su enseñanza sobre la liberalidad y el amor divinos? La respuesta la dio hace más de un siglo Albert Schweitzer, el especialista en Nuevo Testamento que era una especie de Einstein: Jesús creía que la seguridad frente a la catástrofe venidera radicaba *en sí mismo* y, en concreto, en su muerte a favor de otros. Así es como lo expresó Schweitzer:

Al salir de Galilea [Jesús] abandonó toda esperanza de que la tribulación final comenzara sola. Si aquella se demoraba significaba que aún quedaba algo por hacer... El momento de la prueba no había llegado; por lo tanto, Dios, en Su misericordia y Su omnipotencia, la había eliminado de la serie de sucesos escatológicos, y señaló a Aquel cuya misión consistía en haberla puesto por obra para que la cumpliera en su propia persona. En calidad de Aquel que gobernaría a los miembros del reino en la era futura, fue nombrado para servirles en el presente, para entregar su vida por ellos, los muchos, y hacer mediante su propia sangre la expiación que ellos habrían tenido que pagar en la tribulación.[12]

Como ya he dicho, yo soy menos pesimista que Schweitzer sobre si la comprensión genuinamente histórica de Jesús (y de su muerte en particular) le convierte en un "enigma". Después de todo, no hace falta mucha imaginación para ver cómo lo que pensaba el propio Jesús sobre su muerte podría inspirar la exposición más tradicional y familiar de la crucifixión que se encuentra en la predicación cristiana contemporánea: "Jesús murió por nuestros pecados", "padeció para obtener nuestro perdón", etc.

En el siguiente capítulo incluiré algunas razones más por las que podemos interpretar la vida (y la muerte) de Jesús como un evento histórico real, igual que los sucesos que vivieron otros personajes bien conocidos, como Alejandro Magno.

En resumen

Como juicio inicial, podemos decir con cierto grado de confianza que los elementos centrales que se cuentan sobre Jesús

---

12   Albert Schweitzer, *The Quest of the Historical Jesus* (Dover, 2005), p. 387.

en la historia de los Evangelios encajan creíblemente con lo que sabemos de la vida y del pensamiento de la Galilea y la Judea del siglo I. Podemos imaginar fácilmente una figura semejante a un profeta que vagara por Israel con un mensaje sobre "el reino de Dios" y desafiara a sus compatriotas a *dejar de* imaginar que el reino vendría mediante una violenta lucha por la libertad. Podemos imaginarle debatiendo la definición precisa de "trabajo" durante el día de reposo, y podemos situarle plausiblemente en el extremo liberal del espectro sobre tales asuntos. Y, a pesar de lo extraño que (nos) parece que alguien imagine que su propia muerte pudiera expiar los pecados de otros, el registro histórico deja claro que las palabras "esta es mi sangre que por vosotros se derrama" están bien confirmadas y son muy concebibles para el periodo en que vivió Jesús.

Lecturas

Jesús habla sobre determinadas tradiciones judías

Se juntaron a Jesús los fariseos, y algunos de los escribas, que habían venido de Jerusalén; los cuales, viendo a algunos de los discípulos de Jesús comer pan con manos inmundas, esto es, no lavadas, los condenaban...

Le preguntaron, pues, los fariseos y los escribas: ¿Por qué tus discípulos no andan conforme a la tradición de los ancianos, sino que comen pan con manos inmundas? Respondiendo él, les dijo: Hipócritas, bien profetizó de vosotros Isaías, como está escrito: Este pueblo de labios me honra, mas su corazón está lejos de mí. Pues en vano me honran, enseñando como doctrinas mandamientos de hombres. Porque dejando el mandamiento de Dios, os aferráis a la tradición de los hombres...

Y llamando a sí a toda la multitud, les dijo: Oídme todos, y entended: Nada hay fuera del hombre que entre en él, que le pueda contaminar; pero lo que sale de él, eso es lo que contamina al hombre...

Pero decía, que lo que del hombre sale, eso contamina al hombre. Porque de dentro, del corazón de los hombres, salen los malos pensamientos, los adulterios, las fornicaciones, los homicidios, los hurtos, las avaricias, las maldades, el engaño, la lascivia, la envidia, la maledicencia, la soberbia, la insensatez. Todas estas maldades de dentro salen, y contaminan al hombre.

Marcos capítulo 7,
versículos 1 al 23 (extractos).
(Marcos 7:1-23).

LA CRUCIFIXIÓN TAL COMO SE RELATA EN EL EVANGELIO DE LUCAS

Llevaban también con él a otros dos, que eran malhechores, para ser muertos. Y cuando llegaron al lugar llamado de la Calavera, le crucificaron allí, y a los malhechores, uno a la derecha y otro a la izquierda. Y Jesús decía: Padre, perdónalos, porque no saben lo que hacen. Y repartieron entre sí sus vestidos, echando suertes. Y el pueblo estaba mirando; y aun los gobernantes se burlaban de él, diciendo: A otros salvó; sálvese a sí mismo, si éste es el Cristo, el escogido de Dios. Los soldados también le escarnecían, acercándose y presentándole vinagre, y diciendo: Si tú eres el Rey de los judíos, sálvate a ti mismo. Había también sobre él un título escrito con letras griegas, latinas y hebreas: ESTE ES EL REY DE LOS JUDÍOS.

Y uno de los malhechores que estaban colgados le injuriaba, diciendo: Si tú eres el Cristo, sálvate a ti mismo y a nosotros. Respondiendo el otro, le reprendió, diciendo: ¿Ni aun temes tú a Dios, estando en la misma condenación? Nosotros, a la verdad, justamente padecemos, porque recibimos lo que merecieron nuestros hechos; mas éste ningún mal hizo. Y dijo a Jesús: Acuérdate de mí cuando vengas en tu reino. Entonces Jesús le dijo: De cierto te digo que hoy estarás conmigo en el paraíso.

Cuando era como la hora sexta, hubo tinieblas sobre toda la tierra hasta la hora novena. Y el sol se oscureció, y el velo del templo se rasgó por la mitad. Entonces Jesús, clamando a gran voz, dijo: Padre, en tus manos encomiendo mi espíritu. Y habiendo dicho esto, expiró. Cuando el centurión vio lo que había acontecido, dio gloria a Dios, diciendo: Verdaderamente este hombre era justo.

Y toda la multitud de los que estaban presentes en este espectáculo, viendo lo que había acontecido, se volvían golpeándose el pecho. Pero todos sus conocidos, y las mujeres que le habían seguido desde Galilea, estaban lejos mirando estas cosas.

LUCAS CAPÍTULO 23, VERSÍCULOS 32 AL 49.
(LUCAS 23:32-49).

La muerte de Jesús, en una carta del apóstol Juan

Lo que era desde el principio, lo que hemos oído, lo que hemos visto con nuestros ojos, lo que hemos contemplado, y palparon nuestras manos tocante al Verbo de vida (porque la vida fue manifestada, y la hemos visto, y testificamos, y os anunciamos la vida eterna, la cual estaba con el Padre, y se nos manifestó)…

Este es el mensaje que hemos oído de él, y os anunciamos: Dios es luz, y no hay ningunas tinieblas en él. Si decimos que tenemos comunión con él, y andamos en tinieblas, mentimos, y no practicamos la verdad; pero si andamos en luz, como él está en luz, tenemos comunión unos con otros, y la sangre de Jesucristo su Hijo nos limpia de todo pecado. Si decimos que no tenemos pecado, nos engañamos a nosotros mismos, y la verdad no está en nosotros. Si confesamos nuestros pecados, él es fiel y justo para perdonar nuestros pecados, y limpiarnos de toda maldad. Si decimos que no hemos pecado, le hacemos a él mentiroso, y su palabra no está en nosotros…

Hijitos míos, estas cosas os escribo para que no pequéis; y si alguno hubiere pecado, abogado tenemos para con el Padre, a Jesucristo el justo. Y él es la propiciación por nuestros pecados; y no solamente por los nuestros, sino también por los de todo el mundo.

1 JUAN CAPÍTULO 1, VERSÍCULOS 1 AL 2;
CAPÍTULO 1, VERSÍCULOS 5 AL 10;
CAPÍTULO 2, VERSÍCULOS 1 AL 2.
(1 JUAN 1:1-2; 1:5-10; 2:1-2).

6
¿Qué puede enseñarnos Alejandro Magno sobre historia?

En lo que llevamos de libro he hecho todo tipo de comentarios sobre Jesús, Tiberio, Livia, Alejandro Magno, Plinio (el Viejo y el Joven) y algunos personajes más. Pero hay un conjunto de preguntas evidentes: ¿cuáles son los escritos que nos ofrecen el "conocimiento" sobre esas personas? ¿Cuándo se redactaron? ¿Cómo sabemos que no han sido alterados? ¿Y qué métodos probatorios aplican los historiadores a esos testimonios antiguos para detectar si son falsos?

Estas son preguntas que se formulan sobre *todos* los personajes históricos. Por lo tanto, al tiempo que analizamos el material sobre Jesús, quiero destacar unos cuantos paralelismos metodológicos entre la investigación de su vida y la de otro destacado personaje de la historia.

EL MAYOR ALEJANDRO

Pocos nombres de la antigüedad son tan conocidos como el de Alejandro Magno. Lo llamamos "Magno" para distinguirlo de otros "Alejandros" importantes pero no tan grandes que vivieron entre el año 500 a. C. y el 600 d. C.

Todos ellos tienen entradas biográficas en el *Oxford Classical Dictionary*, el compendio en un solo volumen de todo lo relacionado con la historia griega y romana que ya mencionamos en el capítulo 3. Pero el *Alejandro número 3* tiene una entrada más larga que las de los otros Alejandros juntas.

Alejandro Magno (356-323 a. C.) era hijo de los monarcas macedonios Filipo I y Olimpia. En su calidad de príncipe heredero, Alejandro recibió el trato dispensado a la realeza, disfrutando de toda oportunidad concebible para educarse, incluyendo la posibilidad de tener a un profesor privado llamado Aristóteles... sí, *ese* Aristóteles. Sería como tener a Bill Gates o a Steve Jobs como profesor de informática, o a Albert Einstein como tutor de matemáticas.

LA LARGA MARCHA HACIA ORIENTE

A principios del año 334 a. C., cuando contaba 22 años, Alejandro partió de Grecia en lo que se convertiría en una campaña militar de diez años casi ininterrumpida hacia oriente. Sus 43 000 soldados de infantería y más de 5 000 jinetes extendieron un reinado de terror que pocas veces se enfrentó a una resistencia que pudiera hacerle frente. Al cabo de unos meses había conquistado Asia Menor (Turquía), y al año siguiente derrotó a los poderosos persas. En el año 330 a. C. era dueño de Grecia, Asia Menor, Siria, Israel, Egipto y Mesopotamia, llegando hasta el Golfo Pérsico. A los 26 años yo estaba empezando mi doctorado y tuve a mi primer hijo mientras vivía en un barrio periférico, ¡y Alejandro estaba ocupado gobernando el mundo!

Pero Alejandro no estaba satisfecho. Siguió avanzando hacia el este para ver qué más encontraba que pudiera conquistar. En medio de unas condiciones increíblemente difíciles, y alguna que otra rebelión de poco calado entre sus propias tropas (que siempre era sofocada implacablemente), Alejandro cruzó el río Indo en el 326 a. C., derrotando a los ejércitos del príncipe Porus, que dominaba el norte de India y cuyas tropas contaban con una vanguardia de elefantes. Al año siguiente regresó hacia el oeste, llegando a Susa, justo al norte de la parte superior del Golfo Pérsico, donde disfrutó de lo que podríamos llamar un año sabático (325-324 a. C.); descansó de sus campañas, casó a sus nobles con mujeres pertenecientes a la élite persa, y trazó planes grandiosos para expandir y consolidar sus vastos dominios. A lo largo de este periodo se convenció de que podría conquistar lo que fuera, y empezó a tener pretensiones de ser un dios, exigiendo que los demás se postraran ante él, de un modo más asociado con las divinidades que con los reyes.

En los años 324 y 323 a. C. retomó sus proyectos militares y colonizadores, pero Alejandro pronto contrajo una enfermedad (quizá debida a una vieja herida en el pecho, quizá porque lo envenenaron), y al cabo de diez días falleció, el 10 de junio del año 323 a. C., cuando solo tenía 32 años.

Es casi imposible calcular cuánto tiempo perduró la influencia de la conquista de Alejandro, que se prolongó diez años. Pasó por la historia en un breve fogonazo de gloria, pero sus generales dividieron entre ellos el territorio conquistado, y durante los dos siglos siguientes fundaron reinos al estilo griego por todo el Mediterráneo y el Oriente Próximo, hasta que los romanos se hicieron con el poder (la fecha tradicional es el año 146 a. C., en la batalla de Corinto). Esto supuso que el idioma, la cultura, la filosofía y la ciencia de Grecia se diseminaron hacia oriente y occidente de un modo que incluso se puede detectar hoy en día. En parte, todos estamos influidos por las formas de pensamiento y de comportamiento de la Grecia antigua, y por lo general eso es positivo.

CÓMO SABEMOS LO QUE SABEMOS

Pero, ¿cómo sabemos las cosas que acabo de contar sobre Alejandro Magno, datos que encontrarás en cualquier libro aceptable sobre su persona?

Parte de nuestra información procede de unas pocas inscripciones aleatorias y de un gran número de monedas de
aquel periodo. Estas nos cuentan algunas cosas sobre la extensión del reinado de Alejandro, los títulos que ostentaba y
las fechas aproximadas de eventos clave en su vida. Pero la
gran mayoría de lo que afirmamos que es cierto de Alejandro no procede de objetos como estos, sino de fuentes escritas que se redactaron tras la muerte de Alejandro, y que a lo
largo de los siglos se fueron copiando fielmente en manuscritos que hoy se conservan en los grandes museos y biblio-
tecas del mundo. Casi todo lo que sabemos sobre la historia
antigua, incluyendo los datos sobre Alejandro, lo sabemos
gracias a testimonios escritos compuestos décadas después
de los acontecimientos, conservados en copias manuscritas.

Una generación después de la muerte de Alejandro, hubo
numerosos oficiales que redactaron informes sobre su carrera vertiginosa. Entre ellos se cuentan Calístenes, Nearco,
Ptolomeo I y Aristóbulo. Lamentablemente, no se ha conservado ninguno de esos documentos. Sabemos que existie-
ron solo porque escritores muy posteriores incorporaron a
sus obras esas fuentes tempranas.

Seguramente la mejor de esas obras tardías es la de Lucio
Flavio Arriano (86-160 d. C.), filósofo, distinguido escritor
y amigo del emperador Adriano (76-138 d. C.). Su obra se
titula *Anábasis* [que significa "expedición" o "ascenso"] *de
Alejandro*. Arriano la escribió a principios del siglo II d. C.,
y hoy sobrevive (después de siglos de copias bastante esta-
bles) bajo la forma de 36 manuscritos, todos los cuales son
copias de un solo manuscrito conocido como Códice Vin-
dobonense, fechado sobre el año 1200 y conservado en la
Biblioteca Nacional de Viena.

Arriano escribió su relato sobre Alejandro 400 años después de que viviera este. Puede que esto parezca *demasiado
tarde* como para que sirva de algo, pero hay buenos motivos

por los que hoy los historiadores consideran que esta obra es la mejor fuente biográfica sobre la vida de Alejandro. Primero, a lo largo de su obra Arriano se basa mucho en las fuentes anteriores que mencionamos arriba (sobre todo en Ptolomeo y Aristóbulo). Esas fuentes ya las hemos perdido, pero Arriano pudo acceder fácilmente a ellas.

Por supuesto, si tenemos un talante escéptico, siempre podríamos argumentar que Arriano se lo inventó todo, que fingió tener delante de él fuentes anteriores y, simplemente, se inventó todo lo que afirmó que procedía de esas fuentes. Pero ese sería un escepticismo arbitrario. En aquella época (como en la nuestra) era normativo usar las fuentes previas contenidas en las obras históricas. Necesitaríamos contar con una buena razón para sospechar de una "invención" antes de avanzar mucho trecho por esa vía de la desconfianza.

Además, el tono de Arriano es relativamente *imparcial*. Aunque tiene tendencia a defender la memoria de Alejandro (por ejemplo, excusando sus excesos al decir que eran simplemente los propios de un joven impulsivo), aun así logra cuestionar sus propias fuentes, dejando abiertas determinadas afirmaciones sobre Alejandro para que los lectores saquen sus propias conclusiones. Veamos una breve pincelada del estilo de Arriano en unas palabras extraídas de las primeras líneas de su obra:

> *Siempre que Ptolomeo hijo de Lagos, y Aristóbulo hijo de Aristóbulo han proporcionado los mismos relatos sobre Alejandro hijo de Filipo, mi práctica ha sido registrar lo que dicen como algo totalmente cierto; pero cuando difieren, opto por elegir la versión que considero más fidedigna y también la que merece más la pena contar. De hecho, otros escritores han ofrecido una gran variedad de relatos sobre Alejandro, y no hay ninguna otra figura sobre la que hablen más historiadores que se*

contradicen mutuamente, pero bajo mi punto de vista Ptolomeo y Aristóbulo son más dignos de confianza en sus narrativas...

Anábasis de Alejandro, 1. 1-3.

Sin duda, Arriano se encuentra con un fan de Alejandro, pero que aun así está bien informado y es imparcial. Este tipo de cosas es importante para los historiadores contemporáneos que leen el material de Arriano. De la misma manera que el juez de un tribunal a menudo toma notas privadas durante los testimonios acerca de la credibilidad de los diversos testigos, hoy día los historiadores prestan atención al tono y a la medida de las fuentes históricas, y emiten juicios sobre su fiabilidad. Como resultado, los expertos en historia griega tienden a considerar a Arriano el testigo principal de la antigüedad sobre la carrera de Alejandro Magno.

La edición greco-inglesa clave de *Anábasis de Alejandría* nos introduce en la obra con este firme juicio: "Sin duda alguna, Arriano nos proporciona las mejores evidencias de que disponemos sobre la figura de Alejandro".[13]

Nadie acepta todo lo que dice Arriano sobre Alejandro Magno. La plausibilidad general de la historia tiene que confrontarse con todo lo que sabemos de la arqueología, los escritos, la cultura y la política de Grecia, Israel, Egipto, Persia e incluso India del siglo IV a. C. Las declaraciones concretas se confrontan con otros relatos sobre Alejandro, ya sean los comentarios que hacen de pasada Polibio (200-118 a. C.) y Estrabón (63 a. C. – 23 d. C.), o la estilizada biografía escrita por Plutarco (46-120 d. C.). Es infrecuente que hoy en día los especialistas se preocupen por intentar verificar los detalles específicos de cosas que dijo Alejandro (o sus generales), pero sí que prestan atención al carácter

---

13   Arriano, *Anábasis de Alejandro, volumen I: Libros 1-4*, traducido por P. A. Brunt, Loeb Classical Library 236 (Harvard University Press, 1976), p. xvi.

general y a los temas recurrentes de sus conquistas, métodos y ambiciones. El resultado es que hoy día existe un amplio consenso sobre el curso general de la carrera de Alejandro, el tipo de cosas que dijo e hizo y el impacto que tuvo sobre el Mediterráneo y el Oriente Próximo antiguo.

EL JESÚS MÁS GRANDE

Pero, ¿qué tiene que ver todo esto con Jesús de Nazaret? En el mundo antiguo hubo muchas personas que se llamaban Jesús. Basándonos en una base de datos académica de más de 500 nombres judíos antiguos, podemos calcular que "Jesús" (o *Yeshua*) era el sexto nombre de varón más popular en aquella época.

En nuestros registros históricos aparecen bastantes hombres llamados Jesús. Incluso en el Nuevo Testamento hay un par de personas *más* que se llaman Jesús. Por ejemplo, el apóstol Pablo menciona de pasada a una de ellas cuando envía saludos a la iglesia de Colosas (situada al sudoeste de Turquía) de parte de varios compañeros de misión: "Jesús, llamado el Justo [envía saludos]" (Colosenses capítulo 4, versículo 11). Quizá aquel hombre se sentía incómodo por compartir un nombre con su Señor, de modo que tras convertirse al cristianismo pidió que le llamasen Justo, que en el griego originario rima bastante bien con "Jesús".

Hoy día hay un Jesús que eclipsa a todos los demás. Dentro de la dilatada perspectiva histórica, el hombre de Nazaret no es solo *el Jesús más grande*; es indiscutiblemente el nombre más reconocible de *todos* los de la historia antigua; más que Cleopatra, más que Julio César e incluso más que Alejandro *Magno*.

¿UNA COMPARACIÓN DESIGUAL?

Comparar a Alejandro Magno con Jesús de Nazaret supone un riesgo. No es solo que el rumbo de sus vidas y la naturaleza de su liderazgo fueran radicalmente distintos, sino que hay que decir que Alejandro fue mucho más influyente en su época de lo que lo fue Jesús en la suya. El primero fue como un tornado que arrasó el mundo desde Grecia hasta India. El segundo fue un destello en el radar de Galilea y Judea, los arrabales del Imperio Romano. No debe engañarnos el hecho de que Jesús fundó *la que se convertiría* en la religión más extensa del mundo. En su época no fue más que un pez grande en el pequeño estanque de Galilea.

Lo que esto significa es que no debemos esperar que las evidencias históricas de Jesús sean las mismas que las que existen para Alejandro. En la antigüedad a nadie se le habría ocurrido acuñar monedas con la efigie de un rabino judío. A nadie se le habría pasado por la cabeza tallar una inscripción en piedra para recordar a un predicador itinerante (y mártir) que nunca "hizo campaña" más allá de la distancia aproximada que hay de Sídney a Newcastle, de Londres a Cambridge o de Nueva York a Philadelphia (entre 160 y 170 kilómetros aproximadamente).

Ni siquiera a Sócrates, el maestro más respetado de Grecia y también mártir, le dedicaron jamás una moneda o una inscripción. Sin embargo, desde otro punto de vista, aunque la calidad y la cantidad de las evidencias sobre Alejandro y Jesús serán lógicamente distintas, los principios históricos para estudiar los datos son los mismos. Además, en ciertos aspectos relevantes, nuestras evidencias sobre Jesús son superiores a las que tenemos sobre Alejandro.

LA FECHA DE COMPOSICIÓN

Dejando a un lado las inscripciones y las monedas, la información biográfica más temprana que tenemos para Alejandro son los comentarios de Polibio, que escribió 120 años después de la muerte de Alejandro; y nuestra *mejor* fuente, como ya he dicho, la escribió Arriano 400 años tras el fallecimiento del rey.

¿Y qué hay de las fuentes sobre Jesús? Los Evangelios nos proporcionan la mejor información biográfica sobre él. Las fechas que suelen aceptarse para esas obras del siglo I son la década del año 60 para Marcos, las de los años 70 y 80 para Lucas y Mateo, y la de los años 90 para el Evangelio de Juan. En otras palabras, contamos con una biografía completa de Jesús compuesta dentro de los 40 años inmediatamente posteriores a su muerte, otra a los 50 y otras a los 70. Dicho en pocas palabras, la fuente biográfica más tardía sobre Jesús (el Evangelio de Juan) se aproxima más en el tiempo al tema que trata de lo que lo hace la biografía más temprana que se conserva de Alejandro (la de Polibio).

Si comparamos nuestras *mejores* fuentes para los dos personajes, el resultado es incluso más interesante. En general se considera que los Evangelios de Marcos y Lucas son las obras que tienen más valor histórico para el estudio de Jesús (los cristianos piensan que toda la Biblia es Palabra de Dios y tiene el mismo valor; los historiadores, no). Estos libros se escribieron entre treinta y cincuenta años después de la muerte de Jesús. Arriano escribió 400 años después de Alejandro.

Quizá podamos establecer una comparación más justa con el emperador de tiempos de Jesús, Tiberio (14-37 d. C.). Dejando a un lado inscripciones y monedas, la fuente primordial para nuestro conocimiento de Tiberio es el relato de un aristócrata romano y oficial gubernamental llamado Cornelio Tácito, cuyos *Anales* nos ofrecen muchísima información sobre diversos emperadores de este periodo.

Tácito escribió los *Anales* en torno a los años 115-118 d. C. Esto supone unos 80 años después de la muerte de Tiberio. Dado que Jesús vivió más o menos en la misma época, la comparación resulta valiosa. La fuente *más tardía* de las que se usan para el estudio de Jesús (el Evangelio de Juan) se escribió veinte años antes que el relato de Tácito sobre el hombre que gobernaba el mundo en la misma época de

Jesús. Además, disponemos de fuentes sobre Jesús muy anteriores a esta. Por supuesto, la fecha de un documento no es el único factor para determinar su valor histórico (como deja claro la biografía de Alejandro escrita por Arriano), pero como mínimo cabe recordar que una distancia cronológica de entre veinte y setenta años entre un personaje antiguo y los numerosos documentos biográficos sobre él o ella es un margen aceptable.

FUENTES DENTRO DE FUENTES

Otra comparación histórica entre los escritos sobre Alejandro (y Tiberio) y los que versan sobre Jesús es *el uso de las fuentes*. Antes he explicado que Arriano incorporó en su *Anábasis de Alejandro* un material muy anterior, el de Ptolomeo y de Aristóbulo, que escribieron durante las décadas inmediatamente posteriores a Alejandro. Lamentablemente, hoy ya no disponemos de esos documentos, pero Arriano sí pudo trabajar con ellos, y en los primeros párrafos de su obra (antes citada) nos alerta al hecho de que estudió y utilizó fuentes de la primera generación posterior a Alejandro. Lo mismo sucede con las biografías de Jesús.

Es bien sabido que los escritores de los Evangelios emplearon en sus obras fuentes anteriores a ellos. Estos autores escribieron entre cuarenta y setenta años después de Jesús, pero afortunadamente consultaron materiales muy anteriores y los incorporaron a sus documentos. El primer párrafo del Evangelio de Lucas (escrito durante la década de los años 70 del siglo I) alude a escritos anteriores y a su estudio de todos los materiales relevantes:

Puesto que ya muchos han tratado de poner en orden la historia de las cosas que entre nosotros han sido ciertísimas, tal como nos lo enseñaron los que desde el principio lo vieron con sus ojos, y fueron ministros de la palabra, me ha parecido también a mí, después de haber investigado con diligencia todas las cosas desde su origen, escribírtelas por orden, oh excelentísimo Teófilo, para que conozcas bien la verdad de las cosas en las cuales has sido instruido.

LUCAS CAPÍTULO 1, VERSÍCULOS 1 AL 4.

(LUCAS 1:1-4).

A los eruditos modernos les intriga la referencia de Lucas a "muchos" documentos escritos sobre Jesús. El propio Lucas no fue testigo ocular. Se convirtió en seguidor de Cristo en algún momento de los quince años posteriores a la muerte de Jesús. Se convirtió en ayudante misionero del apóstol Pablo a finales de la década del año 40, y durante la década siguiente (si no antes) conoció a diversos testigos presenciales de Jesús, incluyendo a Santiago, hermano de este. Lucas escribió su Evangelio unos diez años después de aquellos días tan apasionantes, pero sigue siendo fascinante que ya en la década de los 70 "muchos" otros hubieran hecho lo que Lucas se había propuesto hacer: "poner en orden la historia" de las cosas que enseñaron los que "lo vieron con sus ojos".

La mayoría de expertos contemporáneos creen que en el Evangelio de Lucas pueden detectar tres fuentes anteriores:

1. El Evangelio de Marcos, escrito en la década del año 60.

2. Una colección de enseñanzas de Jesús conocida como "Q" (del alemán *die Quelle*, "la fuente"), fechada en la década de los años 40 o 50.

3. Una colección de parábolas, historias y dichos a los que se llama simplemente "L" (lo cual indica que Lucas es su única fuente), de la década del año 50.

Aunque dos de estas fuentes ya se han perdido (Q y L), Lucas las conocía y las incorporó a su obra, de un modo parecido a como Arriano utilizó los manuscritos ya perdidos de Ptolomeo y de Aristóbulo.

LUCAS, A EXAMEN

Una diferencia evidente entre el uso que hizo Arriano de Ptolomeo y de Aristóbulo y el que hizo Lucas de Marcos, Q y L, es que Arriano dice a menudo cosas como "Ptolomeo informa [de esto y lo otro]". Lucas nunca hace esto. Lucas se parece más a Tácito, quien también empleó fuentes anteriores para su documento sobre el emperador Tiberio, pero sin citarlas jamás explícitamente como hizo Arriano.

Por otra parte, el Evangelio de Lucas nos permite hacer algo importante que no podemos hacer con muchos otros documentos antiguos. Podemos *evaluar* lo fiel que fue Lucas a sus fuentes anteriores.

Lucas nunca se habría imaginado que siglos después de que escribiera su Evangelio los eruditos crearían una subdisciplina histórica conocida como análisis de fuentes o crítica de redacción, según la cual los expertos comprueban a fondo el modo en que un escritor (como Arriano, Tácito o Lucas) usa en sus obras el material fuente.

Por ejemplo, podemos tomar un ejemplar del Evangelio de Marcos (una de las fuentes que utilizó Lucas) y compararla con el *uso* que hace Lucas de Marcos en el Evangelio de Lucas. En torno a una tercera parte del material de Lucas procede directamente de Marcos (el resto proviene de Q, L y el propio trabajo editorial de Lucas). Cuando comparamos el Evangelio de Marcos con el *uso* que hace Lucas de ese Evangelio, queda claro que Lucas fue fiel a su fuente previa, a pesar de que nunca se habría imaginado que comprobaríamos si lo fue o no. Al final de este capítulo (en la sección de "Lecturas") incluyo una porción del Evangelio de Marcos junto con el uso que hizo Lucas de ese pasaje a modo de fuente. Los lectores verán por sí mismos la tendencia que tenía Lucas a *conservar* en lugar de *innovar*.

LOS EJEMPLARES MANUSCRITOS

Hay otra manera en la que nuestro breve estudio de Alejandro Magno nos ofrece cierto paralelismo para entender cómo estudian a Jesús los historiadores. Antes comenté que disponemos de 36 ejemplares de la *Anábasis de Alejandro* de Arriano, todas las cuales dependen de un único manuscrito de esa obra, copiado en torno al año 1200.

Dado que conocemos el cuidado con el que los escribas de la antigüedad y la Edad Media copiaban aquellos preciosos volúmenes, nadie duda de verdad de que la *Anábasis* que leemos hoy sea prácticamente la misma que escribió Arriano mil años (o más) antes.

¿Cuántos ejemplares manuscritos de los Evangelios tenemos hoy? ¿Y hasta qué punto podemos confiar en que los copistas antiguos y medievales han conservado lo que se escribió en el primer siglo? Esta es una de las áreas en las que todos los eruditos están de acuerdo en que el material sobre Jesús eclipsa a cualquier otro de aquel periodo.

No es una exageración decir que los escritos sobre Jesús son (con la excepción de las inscripciones talladas en piedra) los registros más confirmados de toda la historia clásica. Incluso un crítico tan agudo de las creencias cristianas como es Bart Ehrman ha admitido que…

Los eruditos textuales han tenido un notable éxito para recuperar, hasta donde su capacidad alcanza, el texto originario del Nuevo Testamento.[14]

---

14   Barth Ehrman y Michael Holmes, *The Text of the New Testament in Contemporary Research* (Eerdmans, 1995), p. 375.

El motivo de nuestra confianza en el texto del Nuevo Testamento *no* se basa en que los cristianos fueran tan eficaces en su labor de copia (en realidad algunos de ellos fueron bastante torpes); la gran diferencia la marca el enorme número de manuscritos antiguos y medievales de que disponemos. Tal como dice Stanley Porter, todo un líder en este campo, en su entrada sobre "Manuscritos" en *A Dictionary of the New Testament Background...*[15]

> *Existen aproximadamente cinco mil quinientos manuscritos [sí, eso mismo, 5 500] del Nuevo Testamento griego, dependiendo de cómo los contemos. El número es superior al de cualquier otro escritor o libro antiguo, sea griego o latino.*

Muchos de estos manuscritos son fragmentos breves (quizá la mitad de un capítulo de un solo Evangelio), pero incluso esos fragmentos nos ayudan a corroborar secciones de los manuscritos más completos.

Hace poco, en las salas de papirología de la Sackler Library, Oxford, pude manipular el fragmento más antiguo conocido del Evangelio de Marcos. Solo son legibles seis versículos (repartidos por Marcos 1), pero las palabras son casi totalmente idénticas a las que figuran en nuestros otros manuscritos de Marcos.

Lo más importante es el gran número de textos. Cuanto mayor sea el número de manuscritos, más fácil resulta detectar una "variante" o un error en una de las copias. Imagina que tuvieras en tu posesión solo tres copias de una importante carta escrita a mano, y que una de ellas difiriese en algunos párrafos de las otras dos. Teniendo tan pocas copias, sería difícil saber cuáles fueron las palabras *originales* y cuáles eran una *alteración*. Pero imagina que tuvieras cientos de copias de

---

15 P. 670.

la misma carta. En ese caso, la labor de detectar errores y de juzgar lo que era original sería mucho, mucho más fácil.

OTRA COMPARACIÓN

Quizá *sí* sea injusto comparar el texto del Nuevo Testamento con la obra *Anábasis de Alejandro* de Arriano. La verdad es que es injusto comparar el Nuevo Testamento con cualquier documento antiguo.

Pero deja que te proporcione un paralelismo más cercano. Uno de los textos sobre historia romana de los que conservamos un mayor número de copias es la *Eneida* de Virgilio, un poema épico de doce volúmenes justo cincuenta años anterior a Jesús. Cuenta la emocionante historia del héroe Eneas, que sobrevivió a la batalla de Troya, se enamoró de la peligrosa Dido y al final se estableció en Italia, donde fundó la ciudad de Roma. La obra se conserva hoy en tres manuscritos (prácticamente) completos, siete manuscritos amplios pero parciales (cada uno de los cuales contiene muchas páginas de la obra) y veinte fragmentos (a menudo no son más de una página). Esta es una de las obras más confirmadas de la antigua Roma.

Hoy día el Nuevo Testamento se conserva en cuatro manuscritos prácticamente completos. Esto establece una buena comparación con la *Eneida*. Pero también contamos con 300 extensos manuscritos parciales; ten en cuenta que un manuscrito parcial pero extenso puede contener tres de los cuatro Evangelios u ocho de las cartas de Pablo. Y, por supuesto, el número de fragmentos (páginas sueltas o porciones de páginas) es, literalmente, de varios miles.

No solamente es significativo el *número* de copias manuscritas, sino también la *fecha* en la que se copiaron. El manuscrito más antiguo de la *Anábasis*, de Arriano, procede de en torno al año 1200 d. C., como ya he dicho. Todos los manuscritos de la *Eneida* de Virgilio proceden de entre el siglo IV y el IX. Los manuscritos del Nuevo Testamento son anteriores, y la mayoría de ellos procede de entre los siglos IV y VI, y algunos de los siglos II y III.

Por ejemplo, almacenados en una cámara climatizada de la Chester Beaty Library de Dublín se encuentra un ejemplar maravilloso de varias de las epístolas de Pablo, contenidas en un manuscrito datado en el año 200 d. C. Se le llama simplemente *Papiro 46.* Hace algunos años pude tocar una de sus páginas para un documental sobre las fuentes de nuestro conocimiento de Jesús. Me quedé sobrecogido, y como si fuera tonto le pregunté al conservador cuál era el precio del texto. Me miró despectivamente (¡de las colonias tenía que ser!) y me dijo: "¡No hablamos de estas cosas!" Me parece justo.

También existen copias de los Evangelios de más o menos la misma época (*Papiro 45, Papiro 64, Papiro 76,* ninguno de los cuales he podido consultar). Estos manuscritos son *un par de siglos más antiguos* que nuestros mejores manuscritos de la *Eneida,* y *mil años más antiguos* que nuestras mejores copias de la *Anábasis* de Arriano.

Es toda una extravagancia histórica (los cristianos lo llamarían providencia divina) que un hombre de Nazaret, que en su época no tuvo nada parecido al impacto que causaron Alejandro, Tiberio o ni siquiera Virgilio, esté documentado en textos que

1. se redactaron en un momento relativamente cercano a los sucesos que registran;
2. incorporan fielmente incluso las fuentes tempranas; y
3. se copiaron muchas más veces que cualquier otra obra del mismo período.

Nada de esto *demuestra* la historia de Jesús; no es eso lo que pretende hacer este libro. Pero sí que explica en cierta medida por qué los relatos de la vida de Jesús siguen siendo objeto de serias investigaciones históricas en nuestros tiempos.

En resumen

Hay al menos tres aspectos de las fuentes escritas antiguas que suscitan el interés de los eruditos modernos, tanto si estudian a Alejandro Magno como a Jesús de Nazaret: ¿cuál es la fecha de redacción? ¿Qué fuentes previas se emplearon en esa redacción? ¿Y en qué grado están bien conservadas las copias manuscritas de las obras? Respecto a estos tres criterios, los Evangelios y las cartas de Pablo contenidas hoy en el Nuevo Testamento salen (por no exagerar) bastante airosos.

Lecturas

Cómo Alejandro derrotó a los ejércitos de Porus y sus elefantes, en la India, tal como lo cuenta Arriano

Los indios perdieron casi 20 000 soldados de infantería, y hasta 3 000 jinetes; todos los carros fueron destruidos; murieron dos hijos de Porus, y hasta el último de los comandantes de los elefantes y de la caballería, y todos los generales de Porus. Todos los elefantes supervivientes fueron capturados. El ejército de Alejandro perdió en torno a ochenta soldados de infantería de entre todo el ejército, que en el primer ataque había contado con 6 000 hombres; en cuanto a la caballería, cayeron diez de los arqueros a caballo, que fueron los primeros en entablar combate, y unos 20 de la caballería de los Compañeros, junto con otros 200 infantes. Porus se había portado

valerosamente en la batalla, no solo como coman-
dante sino también como arrojado combatiente...

A diferencia del gran rey Darío, no dio ejemplo a
sus hombres de un rey que huye, sino que siguió lu-
chando mientras cualquier sector de las tropas indias
mantuvo su posición en la lucha como una unidad
organizada; solo cuando fue herido en el hombro
derecho hizo al fin dar la vuelta a su elefante y se
retiró... Entonces Alejandro fue el primero en ha-
blarle y le preguntó con vehemencia qué deseaba
que hiciera con él. Se cuenta que Porus contestó:
"Alejandro, trátame como a un rey"; y Alejandro,
complacido con la respuesta, respondió: "Tu deseo
te será concedido, Porus, pero porque es mi volun-
tad; ahora dime qué deseas para ti". Él contestó que
su primera petición era todo lo que quería. Alejandro se sintió aún más complacido con esta respuesta,
y otorgó a Porus el gobierno sobre sus indios e incluso añadió una extensión más amplia de territorio a la
que había tenido anteriormente su reino.

Anábasis de Alejandro, 5.18-19.

Una porción del Evangelio de Marcos comparada con el uso que hace Lucas de ella

MARCOS CAPÍTULO 1, VERSÍCULOS 21 AL 39	LUCAS CAPÍTULO 4, VERSÍCULOS 31 AL 44
[Una escena en la sinagoga] Y entraron en Capernaum; y los días de reposo, entrando en la sinagoga, enseñaba. Y se admiraban de su doctrina; porque les enseñaba	**[Una escena en la sinagoga]** Descendió Jesús a Capernaum, ciudad de Galilea; y les enseñaba en los días de reposo. Y se admiraban de su doctrina, porque su

como quien tiene autoridad, y no como los escribas. Pero había en la sinagoga de ellos un hombre con espíritu inmundo, que dio voces, diciendo: ¡Ah! ¿qué tienes con nosotros, Jesús nazareno? ¿Has venido para destruirnos? Sé quién eres, el Santo de Dios. Pero Jesús le reprendió, diciendo: ¡Cállate, y sal de él! Y el espíritu inmundo, sacudiéndole con violencia, y clamando a gran voz, salió de él. Y todos se asombraron, de tal manera que discutían entre sí, diciendo: ¿Qué es esto? ¿Qué nueva doctrina es esta, que con autoridad manda aun a los espíritus inmundos, y le obedecen? Y muy pronto se difundió su fama por toda la provincia alrededor de Galilea.

[Diversas sanaciones]

Al salir de la sinagoga, vinieron a casa de Simón y Andrés, con Jacobo y Juan. Y la suegra de Simón estaba acostada con fiebre; y en seguida le hablaron de ella. Entonces él se acercó, y la tomó de la mano y la levantó; e inmediatamente le dejó la fiebre, y ella les servía. Cuando llegó la noche, luego que el sol se puso, le trajeron todos los que tenían enfermedades, y a los endemoniados; y toda la ciudad se agolpó a la puerta. Y sanó a muchos que estaban enfermos de diversas enfermedades, y echó fuera muchos demonios; y no dejaba hablar a los demonios, porque le

palabra era con autoridad. Estaba en la sinagoga un hombre que tenía un espíritu de demonio inmundo, el cual exclamó a gran voz, diciendo: Déjanos; ¿qué tienes con nosotros, Jesús nazareno? ¿Has venido para destruirnos? Yo te conozco quién eres, el Santo de Dios. Y Jesús le reprendió, diciendo: Cállate, y sal de él. Entonces el demonio, derribándole en medio de ellos, salió de él, y no le hizo daño alguno. Y estaban todos maravillados, y hablaban unos a otros, diciendo: ¿Qué palabra es esta, que con autoridad y poder manda a los espíritus inmundos, y salen? Y su fama se difundía por todos los lugares de los contornos.

[Diversas sanaciones]

Entonces Jesús se levantó y salió de la sinagoga, y entró en casa de Simón. La suegra de Simón tenía una gran fiebre; y le rogaron por ella. E inclinándose hacia ella, reprendió a la fiebre; y la fiebre la dejó, y levantándose ella al instante, les servía. Al ponerse el sol, todos los que tenían enfermos de diversas enfermedades los traían a él; y él, poniendo las manos sobre cada uno de ellos, los sanaba. También salían demonios de muchos, dando voces y diciendo: Tú eres el Hijo de Dios. Pero él los reprendía y no les dejaba hablar, porque sabían que él era el Cristo. Cuando ya era de día, salió y se fue a un lugar desierto;

conocían. Levantándose muy de mañana, siendo aún muy oscuro, salió y se fue a un lugar desierto, y allí oraba. Y le buscó Simón, y los que con él estaban; y hallándole, le dijeron: Todos te buscan. Él les dijo: Vamos a los lugares vecinos, para que predique también allí; porque para esto he venido. Y predicaba en las sinagogas de ellos en toda Galilea, y echaba fuera los demonios.

y la gente le buscaba, y llegando a donde estaba, le detenían para que no se fuera de ellos. Pero él les dijo: Es necesario que también a otras ciudades anuncie el evangelio del reino de Dios; porque para esto he sido enviado. Y predicaba en las sinagogas de Galilea.

7

Retazos de Jesús

En el siglo posterior a la muerte de Jesús encontramos referencias puntuales que hicieron de él personas que no eran cristianas. Es cierto que se trata de simples "retazos", pero estos textos son objeto de mucha atención, sobre todo en internet, aunque no son ni mucho menos tan importantes como podrían esperar los cristianos, ni tampoco tan endebles como imaginan los escépticos.

A la gente le interesan esos escritos extrabíblicos porque los consideran evidencias *objetivas* sobre Jesús, mientras que piensan que el Nuevo Testamento es *subjetivo* y ha sido alterado. Pero no es así como enfocan este asunto los especialistas.

EL PREJUICIO TEXTUAL

No existe ninguna diferencia teórica entre las referencias a Jesús cristianas y las no cristianas. Desde el punto de vista histórico, ambas son puramente *humanas* y deben evaluarse desde un fundamento *histórico*, no religioso o irreligioso. Los escritos cristianos (principalmente los Evangelios y las epístolas de Pablo) son importantes no porque merecen que se los privilegie como "sagrados", sino porque son tempranos, utilizan fuentes incluso más antiguas y ofrecen un relato mucho más completo (y, por lo tanto, más fácilmente comprobable) de la vida de Jesús.

Su punto de vista (o sesgo) cristiano no constituye una descalificación de esos escritos, de la misma manera que el punto de vista (o sesgo) romano no impide que Tácito sea de fiar cuando escribe sobre los emperadores. Del mismo modo, a las referencias no cristianas a Jesús que veremos a continuación no se les da un crédito adicional *por no ser cristianas* (igual que el Nuevo Testamento no lo pierde *por ser cristiano*). Se las evalúa por lo que son: textos humanos escritos durante el siglo posterior a Jesús. El valor limitado de las referencias no bíblicas a Jesús que veremos más abajo es una consecuencia de su fecha relativamente tardía (comparadas con el Nuevo Testamento), su brevedad y su falta de interés o de contenido respecto al tema.

Aun así, en mis clases en la Universidad de Sídney sobre esta materia dedicamos tres horas a los once retazos de información no cristiana sobre Jesús. Normalmente es más divertido de lo que parece. A continuación, veremos la versión resumida, centrándonos solo en las dos fuentes más importantes, una romana y la otra judía.

CORNELIO TÁCITO

Buena parte de lo que aprendimos en la escuela sobre los emperadores romanos Augusto, Tiberio, Calígula y Nerón procede directamente de las obras de Cornelio Tácito. Este autor es una fuente esencial de nuestra información sobre este periodo imperial, motivo por el cual ya le he mencionado tantas veces a lo largo de este libro.

Tácito nació en torno al año 56 d. C. Fue un aristócrata que fue escalando por los rangos de la sociedad romana y su política antes de convertirse en el personaje más importante, o procónsul, de Roma en la provincia de "Asia", lo que hoy día es Turquía. Escribió una biografía de su suegro, Agrícola, un importante general romano, y una historia de los emperadores que reinaron entre los años 69 y 96 d. C. (buena parte de la cual, tristemente, se ha perdido). Para el propósito que nos ocupa, su obra más importante es los *Anales*, que relata las carreras de los emperadores Tiberio (14-37 d. C.), Calígula (37-41), Claudio (41-54) y Nerón (54-69). Al gozar de una educación de primera categoría y de acceso ilimitado a las fuentes imperiales, Tácito disfrutaba de una posición única para escribir semejante historia.

Los *Anales* se conservan hoy en solo dos manuscritos parciales, uno copiado en el siglo IX (que abarca la primera parte de la obra) y otro en el siglo XI (que abarca la segunda parte). Ambos se conservan en la hermosa Biblioteca Laurenciana de Florencia. De vez en cuando aparece un artículo en internet (deseoso de desacreditar el cristianismo) que afirma que esos manuscritos son una falsificación, en parte o en su totalidad, pero esta no es la visión que se enseña en ningún departamento universitario de historia clásica o antigua.

LOS CRISTIANOS Y EL INCENDIO DE ROMA

Tácito menciona a Jesús solo brevemente y de refilón. Jesús no le interesa en absoluto. Le menciona sencillamente para clarificar el origen de los "cristianos". El motivo de que mencione a los cristianos es porque el emperador Nerón los culpó del gran incendio de Roma, que destruyó varios suburbios de la capital en un periodo de diez días, en junio del año 64.

Pronto circularon rumores de que el propio Nerón había iniciado el fuego porque quería reurbanizar algunas zonas de la ciudad. Tanto si el emperador estaba detrás de este hecho como si no (cuando comenzó el incendio estaba a 50 kilómetros de Roma, en su villa de Anzio), le vino bien acusar a ese nuevo grupo de advenedizos religiosos llamados cristianos; según parece, todo el mundo los odiaba ya. Esto es lo que dice Tácito en su relato:

Por lo tanto, para apagar los rumores, Nerón remplazó a los culpables, y castigó con los máximos refinamientos de la crueldad a una clase de hombres, aborrecidos por sus vicios, a los que el vulgo llamaba cristianos. *Christus, el fundador y a quien se debe el nombre, había sido condenado a muerte durante el reinado de Tiberio, por sentencia del procurador Poncio Pilatos, y esa perniciosa superstición fue contenida durante un tiempo solo para extenderse una vez más no solo por Judea, el origen de esa enfermedad, sino en la propia capital, donde se reúnen y encuentran seguidores de todas las cosas horribles o vergonzosas de este mundo. Primero, entonces, fueron arrestados los miembros confesos de la secta; luego, mediante sus revelaciones, se detuvo a grandes números de ellos, no tanto acusados de provocar el incendio sino por su aborrecimiento a la raza humana. Su final fue ignominioso: se los cubrió con las pieles de animales salvajes y fueron despedazados por perros; o fueron clavados a cruces y, cuando se ponía el sol, fueron quemados para servir de lumbreras en la noche. Nerón había ofrecido sus jardines para el espectáculo, e hizo una exhibición en su circo [la arena de los juegos], mezclándose con la multitud vestido con las ropas de un auriga.*[16]

Hace años que enseño sobre ese suceso. Es un recordatorio conmovedor de que algunos de los primeros cristianos (no todos, ni mucho menos) soportaron las consecuencias más

---

16 Tácito, *Anales* 15. 44. La traducción es de John Jackson, *Loeb Classical Library* vol. 322. (Harvard University Press, 1999)

espantosas por defender su fe. A finales de 2017 visité por primera vez el lugar donde se había levantado el circo de Nerón. Irónicamente o, quizá, poéticamente, ahora se encuentra dentro del recinto amurallado de Ciudad del Vaticano. Dejé volar mi imaginación y pensé en grandes grupos (quizá de cientos) de creyentes romanos del siglo I, arrestados, arrastrados a esa arena pública y asesinados delante de las multitudes para diversión de estas. Me pregunté cómo pudieron mantener el famoso mandamiento de Jesús: "Amad a vuestros enemigos. Haced bien a quienes os odian". Me pregunté si yo podría haber soportado lo que vivieron ellos.

Es evidente que Tácito no era simpatizante de esa "perniciosa superstición", pero se las arregla para ofrecernos algunas informaciones útiles sobre Jesús. El pasaje es una evidencia excelente del odio que la élite de Roma sentía por los cristianos, tanto en la época de Nerón como en la de Tácito. Pero la clarificación que hace de pasada sobre la ejecución del "Christus" judío corrobora a las claras la muerte de Jesús en Judea durante el gobierno de Poncio Pilatos (26-36 d. C.).

ALGUNOS ERRORES

Cabe destacar que en este pasaje Tácito comete dos errores de poco calibre. Da por hecho equivocadamente que "Christus" es un nombre propio, y no un título ("Cristo" o "Mesías"), y además confiere a Poncio Pilatos un título erróneo.

Pilatos no fue nombrado "procurador" sino *prefecto* o gobernador, tal como confirma una inscripción que se encontró en Cesarea Marítima, en la costa de Israel. Este hecho ilustra algo que ya he venido subrayando en este libro: las fuentes históricas tienden a ser útiles para proporcionar relatos sobre sucesos y personas de la antigüedad, datos que en términos generales son fidedignos, pero está justificado que seamos más prudentes con los detalles. Nadie lee los errores de Tácito y declara que todo lo que escribió era falso.

Los historiadores se mantienen a cierta distancia con calma (sin manifestar un escepticismo remilgado) y contemplan la imagen panorámica.

En este caso podemos decir confiadamente que un oficial romano que escribió en el siglo posterior a la vida de Jesús, y que no manifiesta ningún interés particular por él, le sitúa en el lugar y en el momento correctos, y da fe de su ejecución a manos del oficial preciso. No es mucho, pero es algo.

FLAVIO JOSEFO

En este libro ya he mencionado varias veces a Josefo. Es la fuente más importante sobre historia judía en el siglo I. Flavio Josefo (37-100 d. C.) comandó las tropas judías en Galilea en la gran guerra contra Roma (66-70 d. C.), que concluyó con el saqueo de Jerusalén y su magnífico templo. Era una persona hierática, aristocrática, con una gran educación y brillante (nos dejó una autobiografía en la que se encargó de contarnos lo brillante que era, para que no quedara duda).

Además de escribir una historia de la guerra judeo-romana, Josefo escribió *Antigüedades de los judíos*, un relato en veinte volúmenes sobre el pueblo judío desde la "creación" hasta el estallido de la guerra en el año 66 d. C. Para las primeras partes Josefo se limita a usar su Biblia, el Antiguo Testamento, replanteando cosas de una manera muy interesante para sus lectores griegos y romanos. Para las secciones posteriores (que abarcan el periodo aproximado entre 200 a. C. y 69 d. C.) emplea toda una serie de fuentes, la mayoría de las cuales ya hemos perdido.

JESÚS "EL SABIO"

En el Libro XVIII de las *Antigüedades*, mientras narra los eventos que acontecieron durante el gobierno de Poncio Pilato en Galilea, Josefo menciona de pasada a Jesús. Es un solo párrafo, pero ha generado una gran cantidad de debates, porque los escépticos intentan demostrar que es una falsificación y los apologistas cristianos procuran defender su credibilidad.

Para abreviar, podemos decir que la conclusión arrolladora de los especialistas modernos es que es cierto que Josefo escribió una breve mención de la ejecución de Jesús a manos de Pilato, pero que un copista cristiano posterior intentó "mejorar" el pasaje. Parte del motivo por el que los eruditos han llegado a este consenso es que es bastante fácil detectar *dos* manos en la redacción del párrafo: una que es neutral o carente de emoción, y otra que es elogiosamente cristiana. Este es el pasaje, donde destacamos en negrita las "mejoras cristianas":

> *En esta época vivió Jesús, un hombre sabio, **si es que podemos llamarle hombre**. Y es que realizó maravillas increíbles y fue maestro de todos aquellos que aceptan la verdad con alegría. Ganó para sí a muchos judíos y a muchos griegos. Él era el Mesías. Cuando Pilato, al escuchar cómo le acusaban hombres de la más alta categoría entre nosotros, le condenó a ser crucificado, quienes antes llegaron a amarle no renunciaron a su afecto por él. **Al tercer día se les apareció vuelto a la vida, porque los profetas de Dios habían profetizado estas e incontables otras maravillas sobre él.** Y la tribu de los cristianos, así llamados por el nombre de él, aún no ha desaparecido en nuestros días.*
>
> *Antigüedades de los judíos 18. 63-64 [negritas del autor].*

Cuando cada año leo esto a mis alumnos, tengo que resistir la tentación de hablar con dos voces distintas: una que calma y desinteresadamente describe a Jesús como simplemente "un hombre sabio" y otra que *contraataca* diciendo "si es que podemos llamarle hombre". Lo que parece haber sucedido es que algún escriba cristiano anónimo, en el proceso de copia, había "mejorado" una declaración originariamente clara del escritor judío. No sabemos cómo pasó esto.

Es posible que un cristiano artero pensase que podía alterar el texto para hacer que fuera teológicamente más sólido sin que nadie se diera cuenta. Pero puede que sucediera algo más inocente. Es posible que las palabras en negrita de la cita fueran comentarios hechos al margen por un escriba que no quería que el siguiente lector del manuscrito se viera arrastrado por el concepto prosaico que tenía Josefo de Jesús. Pero cuando llegó el siguiente escriba para hacer una copia de Josefo, no estuvo seguro sobre la categoría de los comentarios al margen, y decidió actuar con prudencia incorporándolos a su copia nueva y limpia de la obra. Seguramente nunca sabremos qué pasó.

Las palabras resaltadas en negrita no las habría escrito un autor como Josefo, que no era cristiano; de eso podemos estar seguros. De igual manera, es improbable que algunas de las otras frases se las haya inventado un cristiano. Primero, como acabo de decir, las palabras "un hombre sabio" (*sophos anēr*) presentan un concepto de Jesús inferior al cristiano. Es una expresión que Josefo usa en otros lugares para describir a seres humanos ordinarios. *No* es una descripción que la Iglesia aplicase nunca a Jesús. Esto por sí solo explica probablemente por qué un copista cristiano posterior sintió la necesidad de añadir "si es que podemos llamarle hombre".

En segundo lugar, las palabras "maravillas increíbles" se traducen del griego *paradoxa erga*, que literalmente significa "actos inusuales/anonadantes". Esta no es una forma típica con la que los cristianos se refieran a las sanaciones de Jesús: los Evangelios llaman a estos actos "prodigios" (*dunameis*) o "señales" (*sēmeia*). La expresión tiene más sentido como recurso no cristiano para referirse a la *reputación* de sanador que tenía Jesús, independientemente del motivo que Josefo pensara que había tras ella.

En tercer lugar, quienes condenaban a Jesús reciben la halagadora descripción de "hombres de la más alta categoría entre nosotros". No parece factible que esto provenga de un escritor cristiano, dado que los cristianos tenían una opinión bastante negativa de esas autoridades.

En cuarto lugar, la afirmación de que Jesús "ganó para sí… a muchos griegos" es un error flagrante. Cualquier lector del Nuevo Testamento sabe que Jesús dirigió su ministerio *solo a Israel* (con unas pocas excepciones notables). Podemos imaginar que Josefo cometiese fácilmente semejante error, dado que no habría leído los Evangelios ni las cartas de Pablo, pero es improbable que un escriba cristiano haya puesto por escrito esa declaración.

En quinto y último lugar, sería extraño que un cristiano tardío dijera "la tribu de los cristianos… aún no ha desaparecido en nuestros días". Estas palabras parecen provenir de alguien a quien le sorprendía que los cristianos siguieran activos a finales del siglo primero, y que tenía la esperanza de que desapareciesen en breve.

LO INIMAGINADO

El otro hecho importante que a veces se pasa por alto en los debates populares es que nadie, en el periodo de la antigüedad o en la época medieval, afirmó jamás que Jesús no existió. Sería extraño que un escriba antiguo o medieval que copiase a Josefo sintiera la necesidad de fabricar "pruebas" de la mera presencia de Jesús en la historia. Podemos entender por qué un escriba desearía "mejorar" un mal concepto de Jesús procedente de no cristianos, poniéndolo más en consonancia con lo que se consideraba una teología sana; pero resulta difícil imaginar por qué iba a redactar de la nada una referencia a Jesús tan breve y ambigua, como hecha de pasada.

Ninguno de los razonamientos expresados en estas líneas que hablan sobre este pasaje de *Antigüedades de los judíos* alcanza el rango de prueba. Antes que con pruebas, los historiadores trabajan más con probabilidades y con las mejores explicaciones. Y la idea sencilla que quiero transmitir es que, en este caso, el peso de las evidencias impulsa a la mayoría de eruditos hacia la postura que describió Graham Stanton, de Cambridge:

> *Una vez eliminamos las interpolaciones evidentes, este párrafo proporciona una evaluación ambivalente o incluso ligeramente hostil de Jesús, una conclusión que podemos atribuir confiadamente a Josefo.*[17]

LA MUERTE DEL HERMANO DE JESÚS

Dos libros después, en esa misma obra, Josefo menciona de nuevo a Jesús, y esta vez no hay ni rastro de embellecimiento por parte del escriba. Menciona la ejecución de varios judíos en Jerusalén en el año 62 d. C. Bajo el mandato del sumo sacerdote Anás, el Sanedrín, o alto tribunal, consideró que aquellos hombres eran culpables de transgredir la ley religiosa y los condenó a morir lapidados. Este pasaje no llamaría nuestra atención de no ser que a uno de los reos se le describe como "Santiago, el hermano de Jesús":

> *De modo que [el sumo sacerdote Anás] convocó a los jueces del Sanedrín y puso delante de ellos a un hombre llamado Santiago, hermano de aquel Jesús llamado el Cristo, y a algunos otros. Les acusó de haber transgredido la ley y los entregó para ser apedreados. Algunos*

---

17 Graham Stanton, *The Gospels and Jesus* (Oxford University Press, 2003), p. 150.

habitantes de la ciudad que eran considerados los más
ecuánimes y que eran estrictos observadores de la ley se
sintieron ofendidos por esto.

Antigüedades de los judíos, 20.200.

El "Santiago" al que se menciona aquí es uno de los cuatro hermanos de Jesús mencionados en el Nuevo Testamento. Tres de esos hermanos (José, Judas y Simón) se convirtieron en misioneros itinerantes tras la muerte de Jesús (ver 1 Corintios capítulo 9, versículo 5 [1 Corintios 9:5]).

El hermano más mayor, Santiago, se quedó en Jerusalén y lideró la Iglesia cristiana en la capital judía desde principios de la década de los años 30 hasta principios de la década de los años 60 del siglo primero. Este hecho queda confirmado partiendo de al menos dos fuentes separadas e independientes que figuran en el Nuevo Testamento (Hechos capítulo 21, versículo 18 [Hechos 21:18]; Gálatas capítulo 1, versículo 19 [Gálatas 1:19]). Pero en Josefo se nos dice algo que el Nuevo Testamento omite: cómo murió Santiago. Las actividades de Santiago captaron la atención del sumo sacerdote Anás, que actuó para eliminar a aquel provocador y a otros cuantos de sus compañeros cristianos anónimos. Ese Anás era el cuñado del sumo sacerdote Caifás, que treinta años antes había presidido el juicio de Jesús. Seguramente hay una historia de fondo detrás del odio que sentía esa familia de élite hacia Jesús, Santiago y los cristianos, pero nuestras fuentes no nos permiten profundizar más en el tema.

A los historiadores les interesa más el hecho de que Josefo identifique a Santiago haciendo referencia a su hermano más conocido, Jesús, aquel, nos dice Josefo, "llamado el Cristo". Resulta difícil saber si la expresión original griega (*tou legomenou Christou*) debería traducirse de forma neutral (como la anterior) o con una connotación más escéptica: "el supuesto Cristo". Sea como fuere, Josefo no acepta el estatus de Jesús como Mesías; sencillamente transmite la opinión de otros.

SEIS APUNTES DE JOSEFO

Josefo nos proporciona seis pequeños apuntes informativos:

- el nombre personal "Jesús" (a diferencia de la confusión de Tácito con "Christus");
- el título ampliamente conocido de Jesús, "el Cristo";
- el hecho de que Jesús tenía un hermano llamado Santiago;
- el destino de ese hermano;
- el hecho de que el movimiento cristiano en Jerusalén siguió envuelto en controversias con los líderes de la ciudad durante al menos treinta años tras la muerte de Jesús;
- y el curioso detalle de que en general los habitantes "ecuánimes" de Jerusalén se opusieron a la ejecución pública de Santiago y de sus compañeros.

Esta última entrada confirma que los primeros cristianos judíos en Jerusalén eran numerosos y/o admirados por la población en general, algo que también se menciona de pasada en el Nuevo Testamento (ver Hechos capítulo 2, versículos 41 al 47; Hechos capítulo 4, versículo 4).

Dado que los historiadores modernos ya no tienen realmente ninguna duda sobre la existencia de Jesús, los comentarios de Tácito y de Josefo tienen una importancia limitada. Aparte del detalle interesante de cómo y cuándo murió Santiago, el hermano de Jesús, en estos breves pasajes o retazos no hay nada que *aporte algo* a la imagen histórica de Jesús que ya hemos entresacado de las fuentes *anteriores* de los Evangelios (y las fuentes contenidas en ellos) y de las cartas de Pablo.

En resumen

Tácito, el mayor de los cronistas de la antigua Roma, menciona a Jesús de pasada mientras relata los acontecimientos del año 64 d. C. durante el reinado del emperador Nerón. En una o dos frases confirma el título atribuido a Jesús (que él confunde con un nombre propio) y le describe como un criminal debidamente ejecutado en Judea mientras Poncio Pilatos gobernaba la región. El escritor judío Flavio Josefo ofrece dos breves párrafos que mencionan a Jesús. Basándonos en ellos (excluyendo las líneas que insertó un copista posterior) podemos confirmar que los hechos básicos sobre la vida de Jesús eran lo bastante bien conocidos en la segunda mitad del siglo I como para que los mencionase un escritor que en gran medida no sentía interés por el cristianismo.

Lecturas

El gran incendio de Roma (64 d. C.) según Tácito

Luego se produjo una catástrofe, fruto quizá del azar o de la malicia del soberano (cada versión tiene sus partidarios), pero más grave y terrible que cualquier otra que haya padecido esta ciudad por los estragos del fuego... Las llamas, que en su máximo fragor arrasaron primero los distritos llanos, luego escalaron hacia lo alto, volviendo luego a descender y abrasar las zonas bajas, adelantándose a todas las medidas preventivas; la destrucción avanzaba rápido, y la ciudad fue una presa fácil debido a las avenidas estrechas y zigzagueantes y a las calles informes propias de Roma. Añadamos a esto los gritos de las mujeres aterradas, los fugitivos atónitos o de corta edad, los hombres que procuraban su seguridad o la de otros, mientras arrastraban con ellos a los inválidos o se detenían a esperarlos, todo unido a su lentitud o a su apresuramiento por dificultarlo todo…

Nadie se aventuraba a combatir el incendio, dado que se escuchaban reiteradas amenazas de un gran número de personas que prohibían extinguirlo, y otras lanzaban adrede ramas encendidas y gritaban que "tenían autoridad", posiblemente para verse más libres de saquear o quizá por haber recibido órdenes.

Nerón, quien en aquellos momentos estaba en Anzio, no regresó a la capital hasta que el fuego estaba cerca de la casa mediante la cual había conectado el Palatino con los Jardines de Mecenas. Sin embargo, fue imposible evitar que el incendio se propagara por el Palatino, la casa y las inmediaciones. Aun así, para auxiliar a las personas sin hogar y a quienes huían, abrió el Campo de Marte, los edificios de Agripa, incluso sus propios Jardines, e hizo levantar cierto número de refugios provisionales para albergar a la multitud indefensa. Desde Ostia y las municipalidades vecinas se trajeron suministros y el precio del grano se rebajó a tres sestercios. Sin embargo, estas medidas, aunque tuvieran un carácter popular, no lograron su objetivo, porque se había extendido el rumor de que, mientras Roma ardía, él había levantado un escenario privado e, identificando los males del presente con las calamidades del pasado, había cantado de la destrucción de Troya.

Anales, 15.38-39.

Los hermanos de Jesús en vida de este

Salió Jesús de allí y vino a su tierra, y le seguían sus discípulos. Y llegado el día de reposo, comenzó a enseñar en la sinagoga; y muchos, oyéndole, se admiraban, y decían: ¿De dónde tiene éste estas cosas? ¿Y qué sabiduría es esta que le es dada, y estos milagros que por sus manos son hechos? ¿No es éste el carpintero, hijo de María, hermano de Jacobo, de José, de Judas y de Simón? ¿No están también aquí con nosotros sus hermanas? Y se escandalizaban de él. Mas Jesús les decía: No hay profeta sin honra sino en su propia tierra, y entre sus parientes, y en su casa.

Marcos capítulo 6, versículos 1 al 4.
(Marcos 6:1-4).

Después de estas cosas, andaba Jesús en Galilea; pues no quería andar en Judea, porque los judíos procuraban matarle. Estaba cerca la fiesta de los judíos, la de los tabernáculos; y le dijeron sus hermanos: Sal de aquí, y vete a Judea, para que también tus discípulos vean las obras que haces. Porque ninguno que procura darse a conocer hace algo en secreto. Si estas cosas haces, manifiéstate al mundo. Porque ni aun sus hermanos creían en él.

Juan capítulo 7, versículos 1 al 5.
(Juan 7:1-5).

La aparición de Jesús a su hermano Jacobo

Porque primeramente os he enseñado lo que asimismo recibí: Que Cristo murió por nuestros pecados, conforme a las Escrituras; y que fue sepultado, y que resucitó al tercer día, conforme a las Escrituras; y que apareció a Cefas, y después a los doce. Después apareció a más de quinientos hermanos a la vez, de los cuales muchos viven aún, y otros ya duermen. Después apareció a Jacobo; después a todos los apóstoles; y al último de todos, como a un abortivo, me apareció a mí.

Carta de Pablo: 1 Corintios capítulo 15, versículos 3 al 8.

(1 Corintios 15:3-8).

Extracto de la carta de Santiago (hermano de Jesús), en el Nuevo Testamento, dirigida a los primeros judíos cristianos

Hermanos míos, que vuestra fe en nuestro glorioso Señor Jesucristo sea sin acepción de personas. Porque si en vuestra congregación entra un hombre con anillo de oro y con ropa espléndida, y también entra un pobre con vestido andrajoso, y miráis con agrado al que trae la ropa espléndida y le decís: Siéntate tú aquí en buen lugar; y decís al pobre: Estate tú allí en pie, o siéntate aquí bajo mi estrado; ¿no hacéis distinciones entre vosotros mismos, y venís a ser jueces con malos pensamientos? Hermanos míos amados, oíd: ¿No ha elegido Dios a los pobres de este mundo, para que sean ricos en fe y herederos del reino que ha prometido a los que le aman? Pero vosotros habéis afrentado al pobre. ¿No os oprimen los ricos, y no son ellos los mismos que os arrastran a los tribunales? ¿No blasfeman ellos el buen nombre que fue invocado sobre vosotros? Si en verdad cumplís la ley real, conforme a la Escritura: Amarás a tu prójimo como a ti mismo, bien hacéis; pero si hacéis acepción de personas, cometéis pecado, y quedáis convictos por la ley como transgresores.

Santiago capítulo 2, versículos 1 al 9.

(Santiago 2:1-9).

8
Pablo: ¿una llave maestra para acceder a Jesús?

Muchas veces me han preguntado: "Si realmente Cristo resucitó de los muertos, ¿por qué se apareció solo a los fieles y no a los escépticos o a sus enemigos?". Es una buena pregunta.

Pero la respuesta es que *sí* se apareció a escépticos y adversarios, al menos en un caso. Dejando a un lado lo que podamos creer sobre un episodio como la resurrección, el hecho es que uno de los principales escritores del Nuevo Testamento fue *inicialmente* un enemigo acérrimo del cristianismo. Lo que pasó fue que tuvo un encuentro con Jesús y enseguida se convirtió en su discípulo.

LA EXPERIENCIA ORIGINAL EN "EL CAMINO DE DAMASCO"

Pablo, también conocido como Saulo, fue en otro tiempo perseguidor de los cristianos. En torno al año 31 o 32 d. C., mientras se dirigía a cumplir la misión de arrestar a los cristianos de Damasco, se encontró con aquel cuyo recuerdo había intentado destruir durante el año anterior. Estas son sus propias palabras, que dirigió a los cristianos en Turquía algunos años después:

> *Porque ya habéis oído acerca de mi conducta en otro tiempo en el judaísmo, que perseguía sobremanera a la iglesia de Dios, y la asolaba; y en el judaísmo aventajaba a muchos de mis contemporáneos en mi nación, siendo mucho más celoso de las tradiciones de mis padres. Pero cuando agradó a Dios, que me apartó desde el vientre de mi madre, y me llamó por su gracia, revelar a su Hijo en mí, para que yo le predicase entre los gentiles, no consulté en seguida con carne y sangre, ni subí a Jerusalén a los que eran apóstoles antes que yo; sino que fui a Arabia, y volví de nuevo a Damasco.*
>
> *Después, pasados tres años, subí a Jerusalén para ver a Pedro, y permanecí con él quince días; pero no vi a ningún otro de los apóstoles, sino a Jacobo el hermano del Señor. En esto que os escribo, he aquí delante de Dios que no miento.*
>
> *Después fui a las regiones de Siria y de Cilicia, y no era conocido de vista a las iglesias de Judea, que eran en Cristo; solamente oían decir: Aquel que en otro tiempo nos perseguía, ahora predica la fe que en otro tiempo asolaba. Y glorificaban a Dios en mí.*
>
> GÁLATAS CAPÍTULO 1, VERSÍCULO 13 AL 24.
> (GÁLATAS 1:13-24).

Pablo no nos ofrece muchos detalles narrativos de su persecución de los cristianos o de su encuentro con Jesús. Esto se debe en parte a que la historia ya era bien conocida. Incluso en la distante Turquía la gente "había oído" las noticias asombrosas de aquel perseguidor de la fe cristiana que se convirtió en su promotor.

Para conocer los detalles narrativos completos de la conversión de Pablo dependemos del testimonio de Lucas, autor del Evangelio que lleva su nombre y compañero de viaje ocasional de Pablo. Lucas también escribió otro libro del Nuevo Testamento, Hechos, un relato sobre cómo se propagó el mensaje de Jesús por el mundo mediterráneo durante los treinta años posteriores a su marcha. Lucas redactó esta historia de la Iglesia primitiva solo veinte años después de la carta de Pablo a los gálatas antes citada. Sin embargo, como destacan muchos eruditos, hay escasas indicaciones de que conociera las cartas existentes de Pablo, y mucho menos esta en concreto, la que fue enviada a Galacia.

En el libro de Hechos, Lucas cuenta la historia de la conversión de Pablo nada menos que tres veces. Está claro que es importante para él. En la primera ocasión la narra en persona, como parte de su propio relato sobre el primer año, más o menos, de la propagación del cristianismo desde Jerusalén (Hechos 9). La segunda y tercera vez, Lucas relata el episodio de la conversión como parte de los discursos que pronuncia el propio Pablo ante una multitud en Jerusalén (Hechos 22) y ante el rey Agripa en Cesarea Marítima (Hechos 26).

Tal como observan los eruditos, las tres versiones de esta historia difieren ligeramente. Esto es interesante. Está claro que se trata de la misma historia, y que forma parte de la obra de un mismo escritor; pero los relatos son lo bastante distintos como para que lleguemos a la conclusión de que cada vez que Lucas relata la historia no consulta lo que escribió antes en el rollo y lo copia; está repitiendo *de memoria* una historia bien conocida. Además, lo hace con la misma flexibilidad y estabilidad que encontramos en un chiste largo moderno o en una anécdota que contamos muchas veces: cómo conocí a mi esposa, cómo elegí mi profesión, qué sucedió cuando tuve un accidente con el coche.

En la página siguiente incluyo una tabla con las tres versiones de la parte central del episodio. He señalado las similitudes en negrita, de modo que podamos detectar más fácilmente las diferencias:

Hechos cap. 9, vv. 3-6	Hechos cap. 22, vv. 6-10	Hechos cap. 26, vv. 12-16
Mas yendo por el camino, aconteció que **al llegar cerca de Damasco**, repentinamente le rodeó un resplandor de luz del cielo; y **cayendo en tierra, oyó una voz que le decía: Saulo, Saulo, ¿por qué me persigues?** Él dijo: ¿Quién eres, Señor? Y le dijo: **Yo soy Jesús, a quien tú persigues;** dura cosa te es dar coces contra el aguijón. El, temblando y temeroso, dijo: Señor, ¿qué quieres que yo haga? Y el Señor le dijo: **Levántate y entra en la ciudad**, y se te dirá lo que debes hacer.	Pero aconteció que yendo yo, **al llegar cerca de Damasco**, como a mediodía, de repente me rodeó **mucha luz del cielo; y caí al suelo,** y oí una voz que me decía: **Saulo, Saulo, ¿por qué me persigues?** Yo entonces respondí: ¿Quién eres, Señor? Y me dijo: **Yo soy Jesús de Nazaret, a quien tú persigues.** Y los que estaban conmigo vieron a la verdad la luz, y se espantaron; pero no entendieron la voz del que hablaba conmigo. Y dije: ¿Qué haré, Señor? Y el Señor me dijo: **Levántate**, y ve a Damasco, y allí se te dirá todo lo que está ordenado que hagas.	**Ocupado en esto, iba yo a Damasco** con poderes y en comisión de los principales sacerdotes, cuando a mediodía, oh rey, yendo por el camino, **vi una luz del cielo** que sobrepasaba el resplandor del sol, la cual me rodeó a mí y a los que iban conmigo. **Y habiendo caído todos nosotros en tierra, oí una voz que me hablaba,** y decía en lengua hebrea: **Saulo, Saulo, ¿por qué me persigues?** Dura cosa te es dar coces contra el aguijón. Yo entonces dije: ¿Quién eres, Señor? Y el Señor dijo: **Yo soy Jesús, a quien tú persigues.** Pero **levántate, y ponte sobre tus pies.**

James Dunn, de la Universidad de Durham, experto en los orígenes del cristianismo, expresa la idea de que buena parte de la memoria histórica, o "tradición oral", funciona de la manera que podemos apreciar en este relato de la conversión de Pablo. La historia general (y algunos detalles clave) tienden a quedar firmemente fijados; viene a ser como el desenlace de un chiste o el clímax de la anécdota sobre cómo conocí a la que sería mi esposa. Sin embargo, cada vez que se cuenta, la historia variará dependiendo de las circunstancias. No es que la centésima vez la historia esté más "evolucionada" que la quinta; cada repetición manifestará un grado parecido de uniformidad y de variación.[18]

Gracias al relato que hace el propio Pablo de su vivencia y de las tres repeticiones en el libro de Hechos, son pocos los que hoy dudan de que al cabo de un año más o menos de la crucifixión de Jesús, un zelote judío que perseguía el cristianismo experimentó un cambio radical: la "experiencia en el camino de Damasco" originaria.

PABLO, EL ESCRITOR DE EPÍSTOLAS

Desde el momento de su conversión hasta el de su muerte, tres décadas más tarde, Pablo se entregó a proclamar lo que antes había menospreciado. Ahora Pablo creía que el hombre Jesús, el crucificado, era el Señor del mundo nombrado por Dios. Era el Mesías, el Hijo de Dios.

Pablo llevó este mensaje no solo a sus compatriotas judíos, sino también a quienes no lo eran: "a fin de que pueda predicarle entre los gentiles", como él mismo lo expresó. Fundó comunidades de creyentes y mantuvo el contacto con ellas por medio de cartas, respondiendo a sus preguntas, solventando disputas y recordándoles en todo momento que no olvidasen las buenas noticias o "evangelio" que les había predicado.

Solo se ha conservado un puñado de estas cartas. Todas están fechadas en un periodo de diez años entre principios

---

18 James Dunn, *Jesus Remembered: Christianity in the Making, Volume 1* (Eerdmans, 2003), pp. 248-249.

de la década de los años 50 y la de los 60, después de lo cual probablemente murió como mártir en Roma.[19]

A primera vista, las cartas de Pablo no son una fuente muy emocionante para conocer la historia de Jesús. En vano buscaremos en ellas algo parecido a una descripción *narrativa* del nacimiento, las enseñanzas, las sanaciones o incluso la muerte y la resurrección de Jesús. Como resultado de esta observación, algunos críticos rechazan (o simplemente ignoran) las cartas de Pablo como fuente de información sobre la historia de Jesús. Pero resulta que, miradas más de cerca, las epístolas de Pablo contienen testimonios de primer orden del Jesús terrenal.

Donald Harman Akenson, profesor de historia en la Queen's University de Canadá, ha llegado incluso a definir las cartas de Pablo como "una llave maestra" para comprender al Jesús histórico; una especie de llave que abre muchas puertas históricas. En su fascinante libro *Saint Saul: A Skeleton Key to the Historical Jesus* ["San Saulo: Una llave maestra para conocer al Jesús histórico"], Akenson propuso la idea de que las cartas de Pablo son notablemente próximas en tiempo a la muerte de Jesús. Siendo como era un hombre personalmente relacionado con los primeros discípulos, incluyendo a los hermanos de Jesús, Pablo está lo más cerca de la acción que podríamos esperar de una fuente primaria de la antigüedad.

El valor de las cartas de Pablo, aparte de su temprana fecha, no radica en la narración de la vida de Jesús, sino en las numerosas referencias que Pablo hace *de pasada* a cosas que Jesús hizo y dijo. Por ejemplo, cuando habla del matrimonio, Pablo recuerda lo que dijo Cristo sobre la fidelidad matrimonial. Cuando reprendía a los ricos por sus fiestas

---

19 La fuente histórica para el martirio de Pablo, que fue decapitado, es Eusebio, *Historia de la Iglesia* 2. 25. 5-6. Hay pocos motivos para dudar de su relato.

de borrachos, recuerda a los lectores la sobria importancia de la Última Cena de Jesús. Cuando habla del respaldo que hay que prestar a los misioneros, cita algo que mandó Jesús sobre este tema. Y queda totalmente claro, en todos estos casos, que Pablo espera que sus lectores sepan de qué está hablando. El motivo de que mencione esas cosas sin detenerse en ellas es que sus lectores, los primeros cristianos, deben conocer ya la esencia de estas.

Las evidencias aparentemente escuetas de Pablo resultan tener una gran importancia, porque indican que lo que se menciona *en breve* en sus epístolas era algo que Pablo debió exponer *con detalle* cuando enseñó a sus conversos, cara a cara, algunos años antes. Akenson dice:

> ...*que realmente Saulo conocía la vida del Yeshua histórico; que era plenamente consciente de los relatos sobre los milagros, las enseñanzas y las diversas creencias populares sobre Yeshua, la mayoría de las cuales ya se ha perdido para siempre; que enseñó a sus propios seguidores los relatos y los dichos más importantes.*[20]

Akenson no es un defensor de la fe cristiana. Se muestra escéptico sobre muchas cosas, incluyendo sobre si Pablo estaba de acuerdo con Jesús respecto a determinadas cuestiones de la vida y de la doctrina (esta es la parte más controvertida del argumento de Akenson).

LA PROFUSIÓN DE DETALLES

Entonces, ¿qué información sobre Jesús podemos extraer consultando solamente las cartas de Pablo? Donald Akenson hace una lista de quince detalles que se encuentran insertos sin pretensiones en esas fuentes tempranas. Otros

---

20 Donald Akenson, *Saint Paul: A Skeleton Key to the Historical Jesus* (Oxford University Press, 2000), p. 173.

especialistas detectan más de veinte casos de datos históricos. La siguiente lista no es exhaustiva.

- El nombre Jesús (1 Tesalonicenses cap. 1, vers. 1, y prácticamente en todos los párrafos de sus cartas).
- Jesús nació de una mujer judía y, por consiguiente, era judío (Gálatas cap. 4, vers. 4), del linaje del rey David (Romanos cap. 1, vers. 3).
- La misión terrenal de Jesús se centró casi exclusivamente en el pueblo judío (Romanos cap. 15, vers. 8).
- Jesús tenía varios hermanos (1 Corintios cap. 9, vers. 5), uno de los cuales se llamaba Jacobo (o Santiago, Gálatas cap. 1, vers. 19).
- Jesús nombró a un grupo especial de doce apóstoles (1 Corintios cap. 15, vers. 5), dos de los cuales adquirieron un estatus especial como "pilares", Cefas/Pedro y Juan (Gálatas cap. 2, vers. 9).
- A Jesús se le llamaba "Cristo/Mesías" (Romanos cap. 9, vv. 3-5).
- Jesús concedió a sus misioneros el derecho a recibir apoyo material de los demás creyentes (1 Corintios cap. 9, vers. 14).
- Jesús enseñó sobre el matrimonio (1 Corintios cap. 7, vers. 10), resumió su "ley" en términos de la compasión (Gálatas cap. 6, vers. 2) y declaró que volvería en gloria (1 Tesalonicenses cap. 4, vers. 15).
- Jesús celebró una última cena especial con sus discípulos, donde repartieron pan y vino (1 Corintios cap. 11, vv. 23-25)
- Jesús fue traicionado por uno de sus compañeros la noche de la última cena (1 Corintios cap. 11, vers. 23).
- Jesús fue ejecutado mediante crucifixión (Filipenses cap. 2, vers. 8).

- Jesús fue sepultado (1 Corintios cap. 15, vers. 4), no abandonado a la intemperie (como solía pasarles a los criminales condenados).
- Jesús volvió a la vida (Romanos cap. 1, vers. 4).
- El Jesús resucitado se apareció a muchos, incluyendo Pedro/Cefas, su hermano Santiago y el propio Pablo (1 Corintios cap. 15, vv. 5-6).

Las cartas de Pablo no iban destinadas a *informar* a los lectores sobre la vida de Jesús (a diferencia de los Evangelios). Pablo sencillamente *asume* que sus lectores ya conocen todo eso. Y *ese* es el dato histórico importante: a mediados del siglo I la narrativa de Jesús era tan sumamente conocida entre los cristianos que Pablo podía aludir a todos los detalles de nuestra lista y tener la confianza de que sus lectores sabían exactamente de qué estaba hablando. La naturaleza transitoria de estas referencias y la naturaleza ocasional de las cartas de Pablo significan que, en realidad, esa lista es solo la punta del iceberg de lo que Pablo y sus conversos sabían sobre Jesús. Las epístolas de Pablo son un tipo de literatura muy distinto al de los Evangelios, pero en ambos subyace la misma vida histórica.

PABLO Y LA TRADICIÓN ORAL

Las cartas de Pablo nos llevan a mediados del siglo I, aproximadamente veinte años después de la vida de Jesús. Este es un lapso de tiempo relativamente breve según los estándares antiguos (recuerda que Tácito escribió su biografía de Tiberio casi ochenta años después de la muerte del emperador). Sin embargo, hay un pasaje de Pablo (que citaré más abajo) que nos lleva a un punto mucho más cercano, a tan solo unos pocos años después de la crucifixión.

En su carta a los Corintios, que escribió en torno al año 55/56 d. C., Pablo se detiene a recordar a sus lectores cuál era el mensaje central que les predicó cuando estuvo en Corinto cinco años antes (50 d. C.). Utiliza un recurso frecuente en la antigüedad: un resumen conciso y memorable (lo que podríamos llamar "un credo") que los corintios se aprendieron de memoria cuando Pablo estuvo con ellos. Las escuelas de primaria en tiempos de Pablo usaban estos resúmenes mnemotécnicos para aprender los rudimentos, por ejemplo, de la redacción de discursos. Incluso las escuelas filosóficas para adultos, como la de los epicúreos, empleaban resúmenes memorables para grabar en las mentes de sus alumnos los argumentos esenciales de Epicuro.[21]

Esta es una de las diferencias más destacables entre el mundo en el que habitamos y aquel en que vivieron los primeros cristianos. Hoy apenas usamos nuestra memoria. ¿Para qué vamos a hacerlo? Tenemos móviles y Google. Pero en la antigüedad consideraban que la memoria era un órgano intelectual fundamental, casi a la par con el razonamiento.

Quizá la única reliquia del que antaño fuese el acto omnipresente del *recuerdo* disciplinado sea la manera en que muchos de nosotros recordamos las letras de las canciones de nuestros grupos favoritos. Aunque ha pasado el tiempo, soy capaz de cantar prácticamente todas las canciones de los siete álbumes de U2 desde *Boy* (1982) hasta *Rattle and Hum* (1988). Hablamos de 78 canciones. Si hay unas 150 palabras aproximadas por canción, probablemente me sé de memoria unas 11 700 palabras de U2. Como referencia, eso supone unas cuarenta páginas de este libro, o más o menos la longitud total del Evangelio de Marcos.

Los rabinos judíos del mundo antiguo, igual que los maestros de filosofía, a menudo hacían que sus discípulos aprendieran de memoria los datos más relevantes. Era un sistema para salvaguardar las ideas más importantes. Veamos un

---

21 Actualmente estoy escribiendo un libro (de un estilo muy diferente) sobre el uso de la memoria en la enseñanza de la antigüedad; no te aburriré con más detalles.

ejemplo. Usando las expresiones tan conocidas de la tradición oral, el escritor judío del siglo I Josefo nos dice que...

> *...los fariseos habían transmitido [paradidōmi] al pueblo determinadas normas que les habían legado las generaciones anteriores y que no figuraban en la ley de Moisés.*
>
> *Antigüedades* 13.297.

La terminología clave en este caso, que también se usaba en las escuelas de filosofía, era "transmitir" (*paradidōmi*) y "recibir" (*paralambanō*): uno era el deber del maestro, y el otro el del alumno. El mismo Pablo había sido fariseo, y empleaba la misma práctica (con gran eficacia) entre sus oyentes no judíos. Lo fascinante del párrafo citado antes es que Pablo admite que él no es la fuente del resumen oral o credo que había transmitido a sus conversos. De la misma manera que los corintios lo "recibieron" de Pablo cuando estuvo con ellos en el año 50 d. C., Pablo lo "recibió" de otros cuando le hablaron de Cristo por primera vez. Dado que sabemos cuándo se convirtió Pablo en un discípulo, esta declaración debe remontarse a principios de la década del año 30. Aquí la tenemos (con el "credo" en negrita):

> *Además os declaro, hermanos, el evangelio que os he predicado, el cual también recibisteis, en el cual también perseveráis; por el cual asimismo, si retenéis la palabra que os he predicado, sois salvos, si no creísteis en vano. Porque primeramente os he enseñado [**paradidōmi**] lo que asimismo recibí [**paralambanō**]:* **Que Cristo murió por nuestros pecados, conforme a las Escrituras; y que fue sepultado, y que resucitó al tercer día, conforme a las Escrituras; y que apareció a Cefas, y después a los doce.**
>
> I CORINTIOS CAPÍTULO 15, VERSÍCULOS 1 AL 5
> [NEGRITAS DEL AUTOR].
> (I CORINTIOS 15:1-5).

Los eruditos debaten exactamente cuándo "recibió" Pablo este credo conciso. Algunos lo fechan en el año de su conversión, el 31-32 d. C. (en Damasco), y otros en 33-34 d. C., cuando Pablo pasó quince días en Jerusalén conversando con el apóstol Pedro y con Santiago, el hermano de Jesús (Gálatas cap. 1, vv. 18-20).

Independientemente de la fecha que aceptemos, James Dunn, de la Universidad de Durham, Reino Unido, habla por muchos cuando dice: "Podemos estar totalmente seguros de que esta tradición (1 Corintios cap. 15, vv. 3-5) se formuló como tal a los pocos meses de la muerte de Jesús".[22] Esto está todo lo cercano a los sucesos que podría desear un historiador.

Es evidente la importancia de este credo. Establece más allá de toda duda razonable que al menos seis elementos de la narrativa de Jesús surgieron *inmediatamente* después de su muerte, y que no podrían formar parte de alguna leyenda progresiva. Ya en el año 35 d. C. como muy tarde…

- el estatus de Jesús como Cristo o Mesías,
- su muerte por los pecados,
- su sepelio en un sepulcro,
- su resurrección después de tres días,
- sus múltiples apariciones y
- su nombramiento de doce apóstoles

…eran hechos lo bastante conocidos como para haberse convertido en parte de un resumen formal del cristianismo que se propagaba entre los conversos, los de cerca y los de lejos. Esto demuestra (en el sentido del verbo "demostrar" que usan los historiadores) que lo que más tarde

---

22 James Dunn, *Jesus Remembered* (Eerdmans, 2003), p. 855.

se escribió con detalle en los Evangelios, y a lo que se hizo referencia en las epístolas de Pablo, ya era algo que proclamaban los misioneros y que los discípulos aprendían de memoria a los pocos meses de los propios eventos.

En resumen

Las cartas de Pablo, que fuera perseguidor de los cristianos, son nuestras fuentes más tempranas para el Jesús histórico, pues fueron escritas en un plazo de veinte años desde los acontecimientos. Su importancia no solo radica en su temprana fecha, sino en la manera en que indican (gracias a sus múltiples menciones pasajeras de las cosas que dijo e hizo Jesús) que los lectores de Pablo ya tenían una gran cantidad de información sobre Jesús *antes* de que él les escribiera, y mucho antes de que se redactaran los Evangelios. Y hay un pasaje en las epístolas de Pablo (1 Corintios cap. 15, vv. 1-5) que hace que el historiador profesional confíe en que *el núcleo* de la historia ya se había fijado (en el credo y en la memoria) al cabo de los primeros meses y años de los acontecimientos.

Lecturas

UNA MUESTRA DE LAS EPÍSTOLAS DE PABLO

[A Roma]: El amor sea sin fingimiento. Aborreced lo malo, seguid lo bueno. Amaos los unos a los otros con amor fraternal; en cuanto a honra, prefiriéndoos

los unos a los otros. En lo que requiere diligencia, no perezosos; fervientes en espíritu, sirviendo al Señor; gozosos en la esperanza; sufridos en la tribulación; constantes en la oración; compartiendo para las necesidades de los santos; practicando la hospitalidad. Bendecid a los que os persiguen; bendecid, y no maldigáis. Gozaos con los que se gozan; llorad con los que lloran. Unánimes entre vosotros; no altivos, sino asociándoos con los humildes. No seáis sabios en vuestra propia opinión. No paguéis a nadie mal por mal; procurad lo bueno delante de todos los hombres. Si es posible, en cuanto dependa de vosotros, estad en paz con todos los hombres.

ROMANOS CAPÍTULO 12, VERSÍCULOS 9 AL 18.
(ROMANOS 12:9-18).

[A Tesalónica]: Pero acerca del amor fraternal no tenéis necesidad de que os escriba, porque vosotros mismos habéis aprendido de Dios que os améis unos a otros; y también lo hacéis así con todos los hermanos que están por toda Macedonia. Pero os rogamos, hermanos, que abundéis en ello más y más; y que procuréis tener tranquilidad, y ocuparos en vuestros negocios, y trabajar con vuestras manos de la manera que os hemos mandado, a fin de que os conduzcáis honradamente para con los de afuera, y no tengáis necesidad de nada.

1 TESALONICENSES CAPÍTULO 4, VERSÍCULOS 9 AL 12.
(1 TESALONICENSES 4:9-12).

[A Filipos]: Nada hagáis por contienda o por vanagloria; antes bien con humildad, estimando cada uno a los demás como superiores a él mismo; no

mirando cada uno por lo suyo propio, sino cada cual también por lo de los otros. Haya, pues, en vosotros este sentir que hubo también en Cristo Jesús, el cual, siendo en forma de Dios, no estimó el ser igual a Dios como cosa a que aferrarse, sino que se despojó a sí mismo, tomando forma de siervo, hecho semejante a los hombres; y estando en la condición de hombre, se humilló a sí mismo, haciéndose obediente hasta la muerte, y muerte de cruz. Por lo cual Dios también le exaltó hasta lo sumo, y le dio un nombre que es sobre todo nombre, para que en el nombre de Jesús se doble toda rodilla de los que están en los cielos, y en la tierra, y debajo de la tierra; y toda lengua confiese que Jesucristo es el Señor, para gloria de Dios Padre.

FILIPENSES CAPÍTULO 2, VERSÍCULOS 3 AL 11.
(FILIPENSES 2:3-11).

Los cuatro primeros de los 40 resúmenes breves de las enseñanzas de Epicuro, que *todos* los alumnos de ese filósofo debían memorizar

1. Un ser bendito y eterno no tiene problemas ni se los causa a ningún otro ser; por lo tanto, está exento de los movimientos de la ira y de la parcialidad, porque cada uno de esos movimientos conlleva debilidad.

2. La muerte no es nada para nosotros; pues el cuerpo, una vez se ha disuelto en sus elementos, no siente nada, y para nosotros lo que no siente no tiene importancia.

3. La magnitud del placer alcanza su límite en la eliminación de todo dolor. Cuando el placer está presente, siempre que sea ininterrumpido, no existe dolor alguno, ni del cuerpo, ni de la mente ni de ambos en conjunto.

4. El dolor constante no dura mucho en la carne; por el contrario, el dolor, si es extremo, está presente solo un breve lapso de tiempo, y ni siquiera ese grado de dolor que apenas contrarresta el placer en la carne dura muchos días. Las enfermedades de larga duración permiten incluso un exceso de placer superior al dolor en la carne.

DIÓGENES LAERCIO, EPICURO 10.139-40.

9
Excavando cosas

En otro tiempo la arqueología consistía en excavar "pruebas" para respaldar la Biblia, y en descubrir tesoros antiguos. Ya no es así. Hoy día la arqueología es una disciplina de investigación tremendamente regulada que aspira a descubrir los restos *materiales* del mundo antiguo (edificios, monedas, inscripciones, artículos domésticos, etc.) para combinarlos con la evidencia literaria del periodo en un intento de clarificar la geopolítica, la economía y la vida cotidiana en la sociedad sometida a estudio.

Mientras lees estas palabras se están llevando a cabo docenas de excavaciones por toda Galilea y Judea (en el estado moderno de Israel) que arrojan resultados fascinantes para el estudio de nuestro periodo en general, y de Jesús en particular. Quiero poner algunos ejemplos *interesantes aunque triviales* de hallazgos arqueológicos en Israel, y luego otro ejemplo *aparentemente común pero muy significativo* que resuelve un problema al que durante mucho tiempo se han enfrentado los eruditos al estudiar los Evangelios.

UN ESTANQUE

El Evangelio de Juan menciona de pasada un estanque público que había en Jerusalén, dotado de cinco columnatas o pórticos de columnas. Se dice que Jesús sanó a alguien allí:

> *Después de estas cosas había una fiesta de los judíos, y subió Jesús a Jerusalén. Y hay en Jerusalén, cerca de la puerta de las ovejas, un estanque, llamado en hebreo Betesda, el cual tiene cinco pórticos. En éstos yacía una multitud de enfermos, ciegos, cojos y paralíticos, que esperaban el movimiento del agua. Porque un ángel descendía de tiempo en tiempo al estanque, y agitaba el agua; y el que primero descendía al estanque después del movimiento del agua, quedaba sano de cualquier enfermedad que tuviese. Y había allí un hombre que hacía treinta y ocho años que estaba enfermo. Cuando Jesús lo vio acostado, y supo que llevaba ya mucho tiempo así, le dijo: ¿Quieres ser sano? Señor, le respondió el enfermo, no tengo quien me meta en el estanque cuando se agita el agua; y entre tanto que yo voy, otro desciende antes que yo. Jesús le dijo: Levántate, toma tu lecho, y anda.*
>
> JUAN CAPÍTULO 5, VERSÍCULOS I AL 8.
> (JUAN 5:1-8).

Las excavaciones arqueológicas en Jerusalén no habían descubierto un estanque cerca de donde estaba (o pensábamos que estaba) la puerta de las Ovejas; y por supuesto, no un estanque con cinco "pórticos cubiertos", algo muy inusual. Algunos estudiosos empezaron a sugerir que estos detalles geográficos del Evangelio de Juan eran ficticios o simbólicos. Sin embargo, una serie de investigaciones arqueológicas en 1957-1962 descubrieron un estanque precisamente en la misma zona descrita por Juan; y sí, había

cinco columnatas, una en cada uno de los lados del estanque y otra situada en el centro, que dividía el estanque de
oeste a este.[23]

Los comentaristas que habían dudado de estos detalles
arqueológicos cometían el error fundamental de suponer
que la ausencia de evidencias verificadoras equivalía a la
ausencia de evidencia. Normalmente, los especialistas son
más cautos con estas suposiciones. La historia es demasiado aleatoria y fragmentaria como para que emitamos juicios
sólidos basándonos en las evidencias limitadas de lo que posiblemente *no* existió.

UNA INSCRIPCIÓN

En el capítulo 7 hablé de una inscripción donde se mencionaba a Poncio Pilato. Aparece en un edificio de Cesarea Marítima, en la costa de Israel (donde fue descubierto) a modo
de dedicatoria para el emperador Tiberio. Pilato, que vivió
la mayor parte del tiempo en esta ciudad costera, no en Jerusalén, consiguió incluir su propio nombre en una de las
cuatro líneas en latín:

Tiberio de Cesarea
Poncio Pilato
Prefecto de Judea
dedica

La inscripción confirma el título administrativo exacto que
tenía Poncio Pilato. Antes mencioné que el gran cronista
romano Tácito, en su afirmación sobre la ejecución de Jesús,
llama erróneamente "procurador" a Pilatos; ese era otro tipo
de gobernador en el mundo antiguo. Pero este título no se

---

23 Urban C. von Wahlde, "Archaeology and John's Gospel" (pp. 523-586), en *Jesus and Archaeology*, editado por James H. Charlesworth (Eerdmans, 2006), p. 566.

confirió a esos oficiales romanos en esta región hasta diez años después de Pilato. El auténtico título de Pilato era "prefecto de Judea".

Aunque Tácito lo entendió mal, los Evangelios aciertan al llamar a Pilatos *hegemon*, un término griego general que se refería a un *gobernador* o *prefecto*.

UNOS HUESOS

El último hallazgo arqueológico interesante tiene que ver con la crucifixión. Hasta ahora, solo se ha descubierto una prueba física de este método de ejecución tan brutal. Hay numerosos documentos del mundo antiguo que mencionan la crucifixión, pero dado que se solía arrojar los cadáveres de las víctimas a tumbas de poca profundidad o dejarlos expuestos a los elementos, las probabilidades de descubrir restos arqueológicos de esta práctica siempre fueron escasas.

Basándose en esto, unos cuantos eruditos, así como muchos escépticos populares, han sugerido que Jesús no fue "sepultado" en una tumba, como afirman los escritores del Nuevo Testamento. El filósofo francés y ateo Michel Onfray declara:

> *Pero admitamos que lo crucificaron. En ese caso, como todas las demás víctimas, lo habrían dejado allí colgado, a merced de los animales salvajes... Luego los restos eran arrojados a una fosa común. En cualquier caso, los cuerpos nunca se depositaban en una tumba. Es una invención.*[24]

Duras palabras, pero completamente equivocadas.

En 1968 los arqueólogos judíos descubrieron un sepulcro al norte de Jerusalén que contenía algunas urnas funerarias judías (osarios). En un osario figuraba la inscripción "Yehohanan y Yehohanan ben Yehohanan", lo cual significa que

---

24 Michael Onfray, *Atheist Manifesto* (Arcade Publishing, 2005), p. 128.

aquella urna contenía los huesos de un padre y de su hijo, que llevaba el mismo nombre. El análisis de los huesos reveló el calcáneo derecho de un varón, y ese hueso había sido atravesado con un clavo de hierro. Es evidente que aquel hombre había sido crucificado. El clavo, que medía 11,5 cm, estaba muy doblado, de modo que no lo habían extraído del hueso. También hallaron una placa de madera de olivo. Fue un hallazgo importante, que confirma que algunas víctimas de la crucifixión sí que recibían un entierro formal.[25]

¿UN RELATO GALILEO ESCRITO EN GRIEGO?

Quiero ofrecerte un ejemplo más anodino (quizá aburrido) *pero muy significativo* del modo en que la arqueología contribuye al estudio contemporáneo de Jesús. Hace mucho tiempo que se observó que el Evangelio cuenta una historia muy *judía*, pero sin embargo el idioma en el que se cuenta no es arameo ni hebreo (los idiomas que usaban los judíos de esa época y lugar), sino griego, el idioma del mundo grecorromano más amplio. Esto podría significar o bien...

a. que existe un enorme abismo cultural entre el Jesús originariamente judío y la plasmación griega de este relato, o

b. que el movimiento cristiano fue más griego desde el comienzo, y que toda la materia judía en los Evangelios es una especie de embellecimiento ficticio.

Esta puede parecer una línea de investigación arcana, pero semejante discrepancia cultural básica entre un personaje y los escritos que hablan de él sería más significativa para el historiador que cualquier error particular de hecho en los

---

25 El informe definitive del hallazgo se encuentra en J. Zias y E. Sekeles, "The Crucified Man from Giv'at ha-Mitvar: A Reappraisal", *Israel Exploration Journal* 35 (1985), pp. 22-27.

relatos. Pero, una vez más, la arqueología ha demostrado su utilidad para clarificar la situación.

No cabe duda de que los Evangelios cuentan una historia muy judía. Ahora la arqueología confirma esta imagen general. Los trabajos en el sur de Galilea, de donde procedía Jesús, han descubierto los signos reveladores de la cultura judía:

- Restos de sinagogas, que se remontan claramente al siglo I, en Capernaúm, Gamla y, recientemente, Magdala.
- Tazones hechos de piedra caliza, que los judíos, especialmente, pensaban que conservaban la pureza de los alimentos.
- Baños rituales llamados *mikva'ot*, que eran un elemento indispensable para los sacerdotes judíos y los fariseos.
- Restos de prácticas funerarias distintivamente judías.
- Ausencia de huesos de cerdo en los vertederos a las afueras de las ciudades, lo que sugiere que la población local evitaba comer cerdo para obedecer costumbres exclusivamente judías (a todos los demás pueblos del mundo antiguo les encantaba el cerdo).

Hay pocas dudas de que la región donde se desarrolló el ministerio público de Jesús era piadosamente judía, tal como sugieren los Evangelios. Las evidencias arqueológicas encajan con las literarias. Hoy día está confirmada la naturaleza judía de la Galilea del siglo I.

¿POR QUÉ EN GRIEGO?

Pero, ¿cómo es que un relato judío no fue escrito en arameo o en hebreo, sino en el griego del mundo *pagano*? ¿No podría sugerir esto que existe una "distancia" cultural importante entre el propio Jesús y los Evangelios escritos sobre él? Una vez más, la arqueología ha contribuido a responder a esta pregunta.

Empezando con el gran erudito de la Universidad de Tübingen, Martin Hengel, hemos ido apreciando paulatinamente hasta qué punto se usaba el idioma griego en la Israel judía del primer siglo. Gracias a la gran cantidad de inscripciones y de fragmentos de papiro que se han descubierto en la zona, se calcula que hasta un 15 por ciento de la población de Jerusalén hablaba griego como primera lengua.[26]

Más recientemente hemos descubierto que había una importante sinagoga de habla griega justo al lado del templo de Jerusalén. Una extensa inscripción de diez líneas para una sinagoga apareció en una cisterna justo al sur del monte del Templo. Decía (en parte):

> *Teódoto hijo de Vetenos, sacerdote y líder de la sinagoga* [archisynagogos], *hijo del líder de una sinagoga, nieto del líder de una sinagoga, construyó esta sinagoga para la lectura de la Ley y la enseñanza de los Mandamientos, así como la casa de invitados y las otras estancias y las instalaciones para el agua, destinadas al alojamiento de los necesitados.*

Este hallazgo es muy relevante. Demuestra que el griego estaba tan extendido en tiempos de Jesús que la propia ciudad santa ofrecía servicios a los judíos cuyo idioma preferido era el griego.

Luego tenemos las inscripciones funerarias en Judea y en Galilea, que también revelan el amplio uso del idioma griego entre los judíos. Las técnicas funerarias judías conllevaban depositar el cuerpo del ser querido en un sepulcro, regresar un año más tarde e introducir cuidadosamente los huesos del difunto en una urna de caliza (un osario), que se

---

26 Martin Hengel, *Judaism and Hellenism* (Fortress Press, 1991).

guardaba entonces en un nicho en la pared para dejar sitio para los otros miembros de la familia.

Muchos de los osarios judíos de la época tienen inscripciones, y está claro que no era infrecuente que los individuos tuvieran un nombre judío y otro griego. En un osario figura la inscripción "Judá" y "Jasón"; en otro, "Mara" y "Alexas"; en otra, "Sara" y "Aristóbula". Otros osarios tienen inscripciones con solo un nombre escrito dos veces, una en arameo/hebreo y la otra en griego. Por ejemplo: "Shalom esposa de Kunoros"; "Yehuda la hermosa", etc.[27] Lo que significa todo esto es que una parte considerable de la población tenía el arameo y el griego como "idiomas natales"; eran lenguas que, literalmente, se llevaban a la tumba.

Ya no es posible defender, con credibilidad histórica, un vacío cronológico entre el contexto arameo de Jesús y el contexto griego de los Evangelios. En la época y en el lugar en que vivió Jesús muchos judíos empleaban el griego como primera o segunda lengua. Esto encaja con el hecho de que dos de los discípulos galileos de Jesús tenían nombres griegos: Andrés y Felipe. Como las personas judías nombradas en algunos de los osarios, sin duda también tenían nombres en arameo, pero el hecho de que se nos digan sus nombres griegos sugiere que sus familias hablaban al menos un poco de griego.

Esta conclusión es importante para los estudios históricos incluso si, como ya advertí, pueda sonar un poco aburrido. Es improbable que lo que tenemos en los Evangelios griegos sea una versión tardía y foránea de una historia de Jesús anterior en arameo (y, por lo tanto, distinta). Queda claro, gracias a las evidencias literarias *y sobre todo las arqueológicas*, que unos testigos oculares en Jerusalén plasmaron en griego

---

27   Para los detalles, véase el Corpus Inscriptionum referenciado en la p. 37.

los relatos y enseñanzas arameos de Jesús a los pocos meses de que él las pronunciase.

En resumen

La arqueología confirma numerosos detalles secundarios del Nuevo Testamento, pero su verdadera importancia radica en el modo en que ha desenterrado *profundas realidades culturales* de la Galilea y la Judea del siglo I, que se adecuan perfectamente a la imagen que nos proporcionan los Evangelios escritos. Es muy posible que las noticias del Mesías de Israel, que desafió a las autoridades sacerdotales y farisaicas, proclamó el reino de Dios, murió como sacrificio expiatorio y demás, se contaran *en griego* desde el principio.

Lecturas

La crítica de Jesús de sus compatriotas judíos en Jerusalén

Entonces habló Jesús a la gente y a sus discípulos, diciendo: En la cátedra de Moisés se sientan los escribas y los fariseos. Así que, todo lo que os digan que guardéis, guardadlo y hacedlo; mas no hagáis conforme a sus obras, porque dicen, y no hacen. Porque atan cargas pesadas y difíciles de llevar, y las ponen sobre los hombros de los hombres; pero ellos ni con un dedo quieren moverlas.

Antes, hacen todas sus obras para ser vistos por los hombres. Pues ensanchan sus filacterias, y extienden los flecos de sus mantos; y aman los primeros asientos en las cenas, y las primeras sillas en las sinagogas, y las salutaciones en las plazas, y que los hombres los llamen: Rabí, Rabí. Pero vosotros no queráis que os llamen Rabí; porque uno es vuestro Maestro, el Cristo, y todos vosotros sois hermanos. Y no llaméis padre vuestro a nadie en la tierra; porque uno es vuestro Padre, el que está en los cielos. Ni seáis llamados maestros; porque uno es vuestro Maestro, el Cristo. El que es el mayor de vosotros, sea vuestro siervo. Porque el que se enaltece será humillado, y el que se humilla será enaltecido.

Mas ¡ay de vosotros, escribas y fariseos, hipócritas! porque cerráis el reino de los cielos delante de los hombres; pues ni entráis vosotros, ni dejáis entrar a los que están entrando...

¡Ay de vosotros, escribas y fariseos, hipócritas! porque diezmáis la menta y el eneldo y el comino, y dejáis lo más importante de la ley: la justicia, la misericordia y la fe.

MATEO CAPÍTULO 23, VERSÍCULOS I
AL 23 (EXTRACTOS).
(MATEO 23:1-23).

La extensión del cristianismo en Jerusalén en el primer año después de Jesús

En aquellos días, como creciera el número de los discípulos, hubo murmuración de los griegos contra los hebreos, de que las viudas de aquéllos eran desatendidas en la distribución diaria. Entonces los doce convocaron a la multitud de los discípulos, y dijeron: No es justo que nosotros dejemos la palabra de Dios, para servir a las mesas. Buscad, pues, hermanos, de entre vosotros a siete varones de buen testimonio, llenos del Espíritu Santo y de sabiduría, a quienes encarguemos de este trabajo. Y nosotros persistiremos en la oración y en el ministerio de la palabra. Agradó la propuesta a toda la multitud; y eligieron a Esteban, varón lleno de fe y del Espíritu Santo, a Felipe, a Prócoro, a Nicanor, a Timón, a Parmenas, y a Nicolás prosélito de Antioquía; a los cuales presentaron ante los apóstoles, quienes, orando, les impusieron las manos.

Y crecía la palabra del Señor, y el número de los discípulos se multiplicaba grandemente en Jerusalén; también muchos de los sacerdotes obedecían a la fe.

HECHOS CAPÍTULO 6, VERSÍCULOS 1 AL 7.
(HECHOS 6:1-7).

10
Grandes expectativas

GRANDES EXPECTATIVAS

¿Resucitó Jesús de los muertos? Esta es una pregunta que nos lleva al quid de la cuestión del cristianismo. Lo que está en juego son la credibilidad intelectual del cristianismo y la importancia eterna que afirma tener.

No cabe duda de que la resurrección de Jesús es fundamental para la fe cristiana. Si *carece* de credibilidad, entiendo que una persona razonable cuestione todo este asunto. Además, la oferta principal de "vida eterna" descansa sobre esta afirmación de que una persona pasó por la muerte para volver a la vida. Sin la resurrección, el cristianismo no es más que otro movimiento social.

En las siguientes páginas me centraré principalmente en preguntas intelectuales sobre la resurrección y, en concreto, en si podemos afirmar algo significativo de ella desde el punto de vista *histórico*. Luego, en el epílogo, propondré una o dos reflexiones sobre la importancia personal (y potencialmente eterna) que tiene todo esto. Pero primero debo adelantar algunos pensamientos introductorios.

LOS MILAGROS Y EL HISTORIADOR

Los episodios milagrosos en las fuentes antiguas (o modernas) plantean un problema para el historiador. Es posible que la labor de análisis discurra por su cauce habitual: se han fechado los textos, se ha evaluado el material de trasfondo y, lentamente pero con seguridad, va emergiendo de las evidencias una imagen plausible de un maestro como Jesús. Pero entonces, justo cuando todo parece ir bien, en nuestras fuentes encontramos declaraciones que nos hacen preguntarnos si hemos estado analizando un cuento de hadas o una leyenda: portentos en el cielo nocturno, sanaciones de ciegos y cojos y, para rematarlo todo, una resurrección.

Este problema no está restringido a los Evangelios. Encontramos historias de sanaciones en los mejores documentos que tenemos sobre los emperadores. Por ejemplo, Tácito nos cuenta que Vespasiano (mientras iba de camino desde Alejandría a Roma, donde se convertiría en emperador en el año 69 d. C.), sanó a un hombre que era ciego y a otro que tenía una mano marchita:

> *Vespasiano, creyendo que su buena fortuna era capaz de todo y que ya nada había increíble, con una sonrisa en el rostro y en medio de la creciente excitación por parte de los observadores, hizo lo que le pidieron. La mano recuperó de inmediato su uso, y para el ciego volvió a iluminarse el día. Ambos hechos los sostienen testigos oculares, incluso ahora, cuando la mentira no reportaría beneficio alguno.* HISTORIAS 4.81

Una historia como esta no perjudica en absoluto la narrativa más amplia que nos ofrece Tácito sobre la llegada al poder y el reinado de Vespasiano. Los historiadores pueden creer o no que los milagros son posibles, pero sin duda entienden que en la antigüedad las personas creían que sí lo eran, y que las historias como esta pueden ser informes genuinos que tienen una sencilla explicación natural. En el caso de Vespasiano, una conjetura plausible de los especialistas es que esto fue una especie de "oportunidad propagandística" creada por Vespasiano y su equipo de relaciones públicas mientras iba de camino hacia Roma para reclamar el poder imperial. Por chocantes que sean las historias de milagros para los lectores modernos, no socavan la credibilidad general de nuestras fuentes históricas.

En este libro no he hablado mucho de Jesús como sanador, pero la firme conclusión académica actual es que, como afirma Paula Fredriksen, de la Universidad de Boston, "probablemente Jesús realizó actos que sus contemporáneos consideraron milagros". La profesora Fredriksen deja claro que no cree personalmente "que Dios suspenda en ocasiones el funcionamiento de lo que Hume [se trata del filósofo ateo escoces David Hume] llamaba «ley natural»", pero aun así admite que la evidencia es lo bastante sólida como para que lleguemos a la conclusión de que Jesús hizo cosas que *otros* consideraron milagros, sea cual fuere la explicación.

Esta conclusión es la que comparte prácticamente todo el mundo que escribe actualmente sobre el Jesús histórico. Además, nos ayuda a tratar la resurrección desde un enfoque histórico. Puede que los eruditos no crean que la resurrección es posible, pero pueden aceptar (y a menudo lo hacen) que hay evidencias de peso de que la tumba de Jesús estaba vacía poco después de su muerte, *y* de que muchas personas creyeron haberle visto regresar de entre los muertos, independientemente de la explicación.

LOS MILAGROS Y LA FILOSOFÍA

Pero, ¿qué podemos decir sobre los milagros, en términos más generales? El debate filosófico sobre los milagros lleva unos doscientos años atascado en un irritante punto muerto, desde el famoso intento de David Hume en el siglo XVIII de rechazar los milagros afirmando que ningún testimonio histórico es suficiente para demostrar su existencia, a menos que la falsedad del testimonio sea más milagrosa que el presunto hecho sobrenatural. Era un pensamiento atractivo, pero pronto se admitió que su razonamiento iba destinado a excluir desde buen principio el testimonio sobre los milagros, no a analizar si eran posibles. Han sido muchos quienes han escrito sobre este tema.[28]

Lo único que quiero decir es que, en términos generales, ambos bandos del debate han llegado al consenso de que la racionalidad o no de creer en los milagros viene determinada en gran medida por *nuestras creencias de fondo* sobre el universo, no por las evidencias en sí mismas. Si defiendes determinado paradigma del universo, estás obligado a rechazar los milagros. Si sostienes otra concepción del universo, eres libre de aceptar que se produzcan (bajo determinadas condiciones).

Si sostengo que "las leyes naturales" definen los límites de lo que es posible en el universo (en otras palabras, que tras esas leyes no hay ningún Legislador/Dios), entonces, en principio, no puedo considerar racionales los milagros, ni puedo aceptar las evidencias, por numerosas que sean, como prueba categórica de que ha tenido lugar un milagro. Mis creencias de fondo determinan mi postura ante las evidencias.

Pero existe una alternativa igual de defendible. Si sostengo que "las leyes naturales" no definen los límites de lo que es posible (de hecho, si entiendo que las propias leyes apuntan a la existencia de un Legislador/Dios), entonces, dado que

---

28 Ver, por ejemplo, F. J. Beckwith, *David Hume's Argument Against Miracles: A Critical Analysis* (University Press of America, 1989); M. P. Levine, *Hume and the Problem of Miracles: A Solution* (Kluwer, 1989; J. Houston, *Reported Miracles: A Critique of Hume* (Cambridge University Press, 1994); J. Earman, *Hume's Abject Failure: The Argument Against Miracles* (Oxford University Press, 2000).

ese Legislador podría actuar por medio de las leyes naturales y también trascenderlas, es racional creer en los milagros cuando las evidencias a su favor sean contundentes.

Los lectores que ya piensen que podría haber un Creador (aunque solo sea un "Legislador" impreciso subyacente en la racionalidad del universo), disponen del fundamento intelectual que necesitan para aceptar la posibilidad de una resurrección. Después de todo, ya creen que en el transcurso de los eones se han cruzado umbrales "milagrosos": unas moléculas inanimadas se convirtieron de alguna manera en el ADN que da la vida, y unos organismos incapaces de pensar se convirtieron también de alguna manera en mentes plenamente racionales (las nuestras), que ahora pueden comprender las leyes naturales. Si estas son obra de un Legislador, no es difícil admitir que este tiene la capacidad, y la libertad, de sacar vida de la muerte.

Sin embargo, admito que para los lectores ateos esto es absurdo. Esos umbrales no se traspasaron milagrosamente; son simplemente accidentes del tiempo y de la materia.

¿QUÉ EVIDENCIAS DEJARÍA UNA RESURRECCIÓN?

Si partimos de la base de que una resurrección es una posibilidad teórica (en un universo ordenado por un Creador), ¿qué tipo de evidencias dejaría en nuestro mundo un acontecimiento así? La respuesta sencilla es: de tipo *histórico*, no *científico*.

La ciencia trata con lo repetible, lo observable y/o lo matemático. Dentro de esta esfera, la ciencia es brillante. Pero está claro que no podemos exigir una evidencia *científica* para todos los juicios intelectuales. Si lo hiciéramos, descartaríamos la mayor parte de nuestros conocimientos legales e históricos. Los tribunales emplean evidencias científicas (análisis de ADN, resultados de balística y demás) solo en contadas ocasiones. En realidad, la mayoría de sentencias legales se fundamentan en sopesar y corroborar los testimonios.

La historia es como un juicio. Se basa principalmente en la evaluación de testimonios. Si el testimonio es bueno, podemos emitir juicios confiados. Si es malo, nos mostramos mucho más suspicaces. La esencia de un buen testimonio, como ya dijimos antes en el libro, se reduce a tres elementos.

1. Será *temprano*. Es decir, que se habrá compuesto en un momento relativamente cercano en el tiempo a los sucesos descritos en él.

2. Estará *extendido*, lo cual significa que estará corroborado (en términos generales) por más de una fuente.

3. El buen testimonio será *creíble*. Los historiadores preguntan: ¿está el testigo en posición de conocer la información descrita? ¿Estaba próximo a los sucesos o mantuvo contacto con testigos oculares de ellos? Y ¿da la sensación de que el testimonio es sincero y no una invención?

Puede que estas últimas consideraciones parezcan imprecisas y subjetivas. Pero, de una forma parecida a como hacen los jueces en un tribunal, los historiadores detectan los intereses y los prejuicios de sus fuentes, y llegan a ciertas conclusiones sobre si el escritor antiguo tiene tendencia a exagerar sus historias o a inventárselas.

Antes mencioné que existe un consenso general sobre el hecho de que, por ejemplo, Arriano es un testigo sincero de las tradiciones históricas sobre Alejandro Magno. De igual modo, la mayoría de especialistas modernos admite que los escritores de los Evangelios y el apóstol Pablo no mienten. Podremos decir otras cosas de ellos, pero los documentos cristianos parecen haber sido escritos de buena fe.

La evidencia de la resurrección se reduce a un testimonio que es temprano, está extendido y es creíble. No es el tipo de testimonio que podríamos esperar si la resurrección fuera una leyenda que se creó más tarde; tampoco si fuera un engaño. Se trata, por el contrario, del tipo de testimonio que esperaríamos si los primeros cristianos encontraron de verdad un sepulcro vacío y experimentaron realmente *lo que interpretaron que eran* avistamientos de Jesús tras su muerte.

LAS DUDAS SOBRE LA RESURRECCIÓN

Esta distinción entre evidencias científicas (basadas en la observación directa) y evidencias históricas (basadas en testimonios fiables) explica uno de los pasajes más incomprendidos sobre la resurrección que hallamos en la Biblia. El Evangelio de Juan nos cuenta que uno de los discípulos de Jesús, Tomás, se negó a creer a los otros cuando le contaron que habían visto a Jesús resucitado aquella primera mañana de Pascua. Les respondió:

> *Si no viere en sus manos la señal de los clavos, y metiere mi dedo en el lugar de los clavos, y metiere mi mano en su costado, no creeré.*
>
> JUAN CAPÍTULO 20, VERSÍCULO 25.
> (JUAN 20:25).

La expresión griega originaria es todavía más fuerte: *ou mē pisteusō* significa "nunca creeré". Tomás es el "escéptico original", el primero de todos. Según el Evangelio, cuando al final Tomás ve a Jesús personalmente, este le reprende amablemente por no haber aceptado el testimonio de sus amigos. "Bienaventurados los que no vieron, y creyeron", le dijo Jesús. Aquí tenemos la impactante escena al completo:

> *Pero Tomás, uno de los doce, llamado Dídimo, no estaba con ellos cuando Jesús vino. Le dijeron, pues, los otros discípulos: Al Señor hemos visto. Él les dijo: Si no viere en sus manos la señal de los clavos, y metiere mi*

dedo en el lugar de los clavos, y metiere mi mano en su costado, no creeré. Ocho días después, estaban otra vez sus discípulos dentro, y con ellos Tomás. Llegó Jesús, estando las puertas cerradas, y se puso en medio y les dijo: Paz a vosotros. Luego dijo a Tomás: Pon aquí tu dedo, y mira mis manos; y acerca tu mano, y métela en mi costado; y no seas incrédulo, sino creyente. Entonces Tomás respondió y le dijo: ¡Señor mío, y Dios mío! Jesús le dijo: Porque me has visto, Tomás, creíste; bienaventurados los que no vieron, y creyeron.

JUAN CAPÍTULO 20, VERSÍCULOS 24 AL 29.

(JUAN 20:24-29).

Es importante tener en cuenta que Jesús no dice: "Tú, Tomás, debes creer con evidencias; pero benditos son aquellos que pueden creer en mi resurrección sin evidencia alguna". A menudo es así como la gente entiende la fe cristiana: como si consistiera en creer las cosas a ciegas, sin evidencias o incluso contrariamente a estas. El ateo británico A. C. Grayling citó esta historia de Tomás en un artículo para *The Guardian*, arguyendo que "la fe supone entregarse a una creencia oponiéndose a la evidencia y a la razón... [La fe] es innoble, irresponsable e ignorante".[29]

Pero dentro de la tradición cristiana, como señalé en el capítulo 2, la "fe" tiene más en común con el uso más antiguo conocido de este término en el idioma inglés: "La creencia basada en la evidencia, el testimonio o la autoridad". En este famoso pasaje del Evangelio de Juan, Jesús no dice que la gente será bendecida si logran creer sin tener evidencias, sino que establece la distinción entre creer sobre el fundamento de la *observación personal* o sobre el del *testimonio*. Ambas son formas de evidencia. Lo único que pasa es que

---

29 theguardiancom/commentisfree/2006/oct/19/acgrayling (consultada el 4 de junio de 2019).

la *observación personal* es la manera en que determinas qué cosas son repetibles y detectables directamente, y el *testimonio* es cómo verificas cosas que están, por definición, más allá de tu detección directa.

La cuestión es que prácticamente todo lo que sabemos de la historia, como he dicho repetidamente en este libro breve, llega hasta nosotros mediante la evidencia de testimonios sólidos. Benditos sean quienes admiten esto.

Lo que quiero destacar es que la resurrección de Cristo entra en la categoría de acontecimiento histórico. Y los acontecimientos· históricos, por definición, ni se ven ni se tocan. Los conocemos mediante testimonios. Si el testimonio sobre la resurrección fuera endeble, podríamos rechazarlo. Pero el testimonio es temprano, está extendido y es creíble. Y este es el motivo de que la resurrección de Jesús siga siendo un auténtico misterio para los estudiosos de la historia. No estamos hablando de una de las historias de la Tierra Media ficticia de J. R. R. Tolkien, sino de una serie de eventos (sea cual fuere la explicación) que tuvieron lugar en el Oriente Medio del siglo I.

Entonces, ¿cómo es que la resurrección de Jesús sigue considerándose un misterio histórico? ¿Cuáles son las evidencias que impiden incluso a los eruditos que defienden un paradigma secular rechazar el relato directamente como un error, una ficción o una leyenda de invención tardía?

MUY PROBABLEMENTE, LA TUMBA DE JESÚS ESTABA VACÍA

Un sepulcro vacío no demuestra la resurrección. Podrían ofrecerse todo tipo de explicaciones para el hecho de que los discípulos encontrasen vacía la tumba de Jesús: fueron al sepulcro equivocado, algunos discípulos robaron el cuerpo, etc. Pero para que cualquier relato sobre una resurrección corporal cogiera impulso tuvo que haber un sepulcro vacío.

Y el fundamento histórico para llegar a la conclusión de que hubo un sepulcro vacío es bastante sólido.

Primero, la tumba se menciona en tres fuentes distintas del Nuevo Testamento que no se copiaron unas de otras: Marcos 16, Juan 20 y 1 Corintios 15. Estos pasajes ofrecen testimonios *independientes*: fueron reunidos en un solo volumen al que llamamos Nuevo Testamento durante el siglo posterior a su redacción. Para razonar históricamente, tenemos que abordar estas fuentes como líneas de testimonio diferentes, todas las cuales apuntan en la misma dirección.

En segundo lugar, hay evidencias firmes de que los líderes de Jerusalén en las décadas posteriores a la muerte de Jesús afirmaron que los discípulos robaron el cuerpo del sepulcro para dotar de credibilidad al movimiento cristiano (Mateo cap. 28, vv. 11-15; Justino, *Diálogo con Trifón* 108). Esto es importante, porque dice al historiador contemporáneo que incluso los críticos del cristianismo estuvieron de acuerdo en que hubo un sepulcro vacío. La disputa en aquellos primeros días no se centraba en *si* el sepulcro estaba vacío, sino en *cómo* llegó a estarlo. Esto es un indicador poderoso de que, de hecho, había una tumba vacía sobre la que discutir.

En tercer lugar, y quizá esto sea lo más importante, muchos eruditos están convencidos de que hubo una tumba vacía porque todos los relatos están de acuerdo en que fueron *mujeres* quienes hicieron el descubrimiento. Las mujeres están por todas partes en los relatos que hacen los Evangelios de la crucifixión, el sepelio y la resurrección. Además, fueron las primeras en descubrir el sepulcro vacío. Una de ellas (María Magdalena) fue la primera en ver a Jesús vivo. "Este es uno de los elementos más sólidos de la tradición en todas sus variantes", dice James Dunn, de Durham. Aunque a nosotros, que vivimos tantos años después, este hecho no nos parezca nada especial, Dunn explica que "en la sociedad de Oriente

Medio de la época las mujeres no eran consideradas testigos fiables: el testimonio de una mujer en un tribunal no se tenía en cuenta".[30] La importancia de esta observación es evidente. Si quisieras inventarte una historia sobre la resurrección y tu objetivo fuera que tus lectores del primer siglo se la creyeran, *no* dirías que las mujeres fueron los primeros testigos a menos que ese fuera el caso, por mucha vergüenza que te diera admitirlo.[31] Géza Vermes, el veterano profesor de Estudios Judíos en la Universidad de Oxford, concluyó que:

> *Partiendo de estos diversos documentos, emergen dos conclusiones razonablemente convincentes, una positiva y la otra negativa. Primero, las mujeres pertenecientes al grupo de seguidores de Jesús descubrieron un sepulcro vacío y estuvieron convencidas de que era la tumba. Segundo, el rumor de que los apóstoles robaron el cuerpo es tremendamente improbable.*[32]

Por lo tanto, una vez considerado todo esto, es mucho más probable que Jesús fuera sepultado en un sepulcro que poco después se descubrió que estaba vacío, y no que sucediera otra cosa.

Por supuesto, una tumba vacía se puede interpretar de varias maneras. Lo que convierte la resurrección en un enigma histórico duradero es el sepulcro vacío *más* un segundo detalle.

DESDE EL PRINCIPIO, LA GENTE AFIRMÓ DE BUENA FE HABER VISTO AL JESÚS RESUCITADO

Disponemos de evidencias muy consistentes de que diversas personas, tanto hombres como mujeres, creyeron haber

---

30 *Jesus Remembered*, pp. 832-833.
31 Para un tratamiento excelente de este tema, ver Richard Bauckham, *Gospel Women: Studies in the Named Women in the Gospels* (Eerdmans, 2002), pp. 268-277.
32 *Jesus the Jew: A Historian's Reading of the Gospels* (Collins, 1973), p. 40.

visto a Jesús vivo en los días posteriores a su crucifixión. Prácticamente nadie que escriba sobre el tema en nuestros tiempos duda de eso. El motivo es que nuestras evidencias son (1) *extensas*, (2) *tempranas*, (3) *inesperadas* y (4) *sinceras*. Permíteme que explique por turno cada una de las cuatro.

Primero, la evidencia de que la gente afirmó ver a Jesús está *extendida* en nuestras fuentes. Prácticamente todos los veintisiete libros del Nuevo Testamento (cuatro o cinco de ellos con independencia unos de otros) se refieren a los testigos. La lista más significativa de testigos aparece en un pasaje que ya he citado (en parte) en páginas anteriores. Procede de la epístola de Pablo a los Corintios:

> *Además os declaro, hermanos, el evangelio que os he predicado, el cual también recibisteis, en el cual también perseveráis...*
>
> *Porque primeramente os he enseñado lo que asimismo recibí: Que Cristo murió por nuestros pecados, conforme a las Escrituras; y que fue sepultado, y que resucitó al tercer día, conforme a las Escrituras; y que apareció a Cefas, y después a los doce.*
>
> *Después apareció a más de quinientos hermanos a la vez, de los cuales muchos viven aún, y otros ya duermen. Después apareció a Jacobo; después a todos los apóstoles; y al último de todos, como a un abortivo, me apareció a mí.*
>
> 1 Corintios capítulo 15, versículos 1 al 8.
> (1 Corintios 15:1-8).

En segundo lugar, una parte del motivo por el que este pasaje es tan importante es que es muy *temprano*. Como ya he explicado, la epístola de Pablo a los Corintios fue compuesta en el año 55/56 d. C., pero la parte central de este párrafo (desde "que Cristo murió" hasta "y después a los doce") se puede fechar en la década del año 30. Es un resumen condensado de la fe cristiana (un credo), que enseñaron al propio Pablo cuando fue discípulo, ya fuera en el año 31/32 d. C. en Damasco, o en el 33/34 en Jerusalén. Los eruditos abiertamente escépticos (incluso ateos) están de acuerdo en que estos detalles proceden de un momento inmediatamente posterior al suceso.[33]

Debido a la fecha tan temprana de este resumen en forma de credo de la enseñanza cristiana, los especialistas aceptan ampliamente que la afirmación sobre la resurrección de Jesús no puede ser una *leyenda* evolucionada, un proceso por el cual, en las décadas posteriores a Jesús (cuando todos los que le conocieron ya habían fallecido), la gente empezó a "mejorar" la historia haciendo que él volviera a la vida. En términos históricos, eso es, sencillamente, imposible. El pasaje anterior coloca más allá de toda duda que la muerte, el sepelio, la resurrección y las apariciones de Jesús estaban tan extendidas en la década del año 30 que estos retazos de la historia formaban parte de un resumen de creencias que debían memorizar los adeptos del cristianismo.

En tercer lugar, la evidencia también es *inesperada*. Lo que quiero decir es que dos de nuestros testigos no eran creyentes cuando se encontraron al Jesús resucitado (o quien ellos pensaron que era Jesús).

Como mencioné en el capítulo 8, a veces la gente me ha preguntado: "si Jesús resucitó de verdad, ¿por qué se apareció solamente a los fieles, no a los escépticos?" Bueno, pues en dos casos que conocemos, personas que no creían previamente en Jesús afirmaron verle después de su muerte. Al

---

33 Gerd Lüdemann, *What Really Happened to Jesus. A Historical Approach to the Resurrection* (Westminster John Know Press, 1995), pp. 14-15; Robert Funk, *The Acts of Jesus: The Search for the Authentic Deeds of Jesus* (Harper, 1998), p. 466.

poco tiempo se hicieron seguidores suyos (¡como habrías hecho tú!).

Disponemos de estupendos motivos para pensar que Santiago, el hermano de Jesús, no se contó entre sus seguidores durante su vida (Marcos cap. 3, vers. 21 y Juan cap. 7, vers. 5 son independientes uno del otro). Sin embargo, Santiago enseguida se convierte en líder del movimiento cristiano, y al final es un mártir de la fe. El pasaje anterior, de la carta de Pablo a los Corintios, explica lo que sucedió: "después apareció a Jacobo (Santiago)". En el caso del apóstol Pablo, como ya vimos en el capítulo 8, tenemos evidencias de primera mano de que fue un *opositor* activo y violento del cristianismo (Gálatas cap. 1, vers. 3; Filipenses cap. 3, vers. 6), hasta que también él tuvo lo que afirmó que era una visión del Jesús resucitado.

En cuarto y último lugar, nuestra evidencia sobre los encuentros de testigos presenciales con el Jesús resucitado es claramente *sincera*. Hicieron sus declaraciones de buena fe. Prácticamente todos los que estudian el problema de la resurrección llegan a la misma conclusión, y la razón es muy clara. Si los testigos hubieran ganado algo por decir lo que dijeron, como riqueza, comodidad y estatus social, podríamos aplicar la famosa sentencia de Cicerón, *cui bono* ("¿quién se beneficia?"). Pero lo que pasó fue lo contrario.

Los primeros testigos del Jesús resucitado sufrieron ostracismo social, la pérdida de sus bienes, la pérdida de su estatus religiosos (clarísimo en el caso de un fariseo como Pablo), encarcelamiento, azotes e incluso la ejecución. Seguramente sea exagerado decir que la mayoría de los testigos oculares y los apóstoles murieron por su fe (algo que a veces he oído que se dice en los círculos eclesiales), pero sí tenemos evidencias de que cuatro de los testigos fundadores murieron por su fe en Jesús: el apóstol Santiago, hijo de Zebedeo (Hechos 12:1-2), y el otro Santiago, que era hermano de Jesús (Josefo,

Antigüedades de los judíos, 20.200); además, Pedro y Pablo (*1 Clemente* 5.1-7; Eusebio, *Historia de la Iglesia* 2.25.5-6).

Es cierto que es frecuente que los devotos religiosos o políticos mueran por causas que, simplemente, creen que son genuinas. Pero la muerte de los testigos de la resurrección es bastante diferente. Ellos eran personas que sabían directamente si la "causa" que defendían era una invención o una experiencia real. ¡Nadie muere por lo que sabe que es mentira! Ed Sanders, de la Duke University, que admite mostrarse agnóstico sobre el tema de la resurrección, escribe "No considero que el fraude deliberado sea una explicación válida".

> *Muchas de las personas en estas listas [de testigos] se pasaron el resto de sus vidas proclamando que habían visto al Señor resucitado, y algunos murieron por esa causa.*[34]

¿EN QUÉ PUNTO NOS DEJA LA HISTORIA?

Es muy probable que el sepulcro de Jesús estuviera vacío poco después de su entierro, y hubo numerosas personas que declararon sinceramente que le habían visto resucitado de entre los muertos; aquí es donde nos lleva el análisis histórico, y es también donde nos deja. Cómo avancemos a partir de estas dos conclusiones no depende tanto de las evidencias sino de las creencias de fondo que mencioné antes, y también de nuestras propias preferencias y experiencias.

Hoy día la mayoría de especialistas no intenta explicar la historia de la resurrección; tienden a mantenerse agnósticos al respecto. Ed Sanders (al que acabo de citar) habla por muchos cuando escribe:

> *Según lo veo yo, es un hecho que los seguidores de Jesús (y más tarde Pablo) tuvieron una experiencia de la*

---

34   E. P. Sanders, *The Historical Figure of Jesus* (Penguin Books, 1993), p. 280.

resurrección. No sé cuál fue la realidad que dio pie a esa experiencia.[35]

Esta conclusión es típica del estudio secular de Jesús: debió suceder algo muy extraño, pero no podemos dilucidar con seguridad qué fue. Algunos expertos, como el gran Géza Vermes de Oxford, van un paso más allá. En su famoso libro sobre la resurrección analiza, y luego rechaza, las seis conocidas explicaciones naturalistas de las evidencias sobre la resurrección (los discípulos robaron el cuerpo, en realidad Jesús no murió, etc.), pero solo para dejar luego a sus lectores en vilo, sin saber a ciencia cierta qué piensa Vermes que explicaría la evidencia de un sepulcro vacío y las visiones que tuvieron otros de Jesús.[36]

Disponemos del tipo de evidencias históricas que nos dejaría una resurrección, y más evidencias que señalan hacia ese hecho de las que podríamos esperar si este asunto fuera una farsa, un error o una leyenda. Se trata sencillamente de un hecho curioso de la historia del que, tan solo en un caso, tenemos evidencias sólidas que sugieren (a) que hubo una tumba vacía y (b) que las personas creyeron sinceramente que vieron resucitado de entre los muertos al que había sido sepultado.

Si la afirmación central del cristianismo no fuera una resurrección milagrosa sino solo una aseveración *natural* extraordinaria, todo el mundo la creería, siempre que dispusiéramos del mismo grado de evidencias historias que tenemos para la resurrección. Supongamos, por ejemplo, que la afirmación central del cristianismo fuera que Jesús fue el hombre más fuerte de todo el Imperio Romano. Fue

---

35   E. P. Sanders, *The Historical Figure of Jesus* (Penguin Books, 1993), p. 280.

36   Géza Vermes, *The Resurrection of Jesus* (Penguin, 2008).

crucificado por los romanos, pero, debido a su impresionante condición física, una vez dentro del sepulcro se recuperó, apartó con fuerza la puerta que sellaba la entrada, derrotó a los guardias usando solo sus manos, y huyó a Alejandría, al norte de Egipto, donde disfrutó de una vida larga y feliz eludiendo los frecuentes intentos romanos de capturarle.

Sin duda, esta sería una afirmación histórica única. Si dispusiéramos del mismo grado de evidencias tempranas, extendidas y sinceras de que existió ese Jesús tan poderoso que las que tenemos para el Jesús resucitado, sospecho que ningún historiador dudaría de esa afirmación.

Esto no es un argumento a favor de la resurrección, pero sí subraya la idea de que esta no es tanto un problema histórico sino filosófico y personal. Lo que hagamos con la evidencia de la resurrección involucra las creencias de fondo sobre el universo, nuestra experiencia vital, nuestras preferencias y muchas cosas más.

De modo que, como mínimo, yo diría que la evidencia de la resurrección es lo bastante firme como para que los lectores escépticos tomen uno de los Evangelios y lo estudien con una mente abierta (y, me atrevo a decir, con un corazón abierto), exponiéndose a la posibilidad de que el personaje descrito en estas fuentes antiguas no solo sea único sino que tenga el potencial de transformar sus vidas.

En resumen

El testimonio del Nuevo Testamento sobre la resurrección es tan temprano y está tan bien atestiguado como cualquier otro dato sobre Jesús. La manera en que cada uno interprete el testimonio conlleva mucho más que el mero análisis histórico.

Lecturas

El relato de la muerte y el sepelio en el Evangelio de Marcos

Cuando vino la hora sexta, hubo tinieblas sobre toda la tierra hasta la hora novena. Y a la hora novena Jesús clamó a gran voz, diciendo: Eloi, Eloi, ¿lama sabactani? que traducido es: Dios mío, Dios mío, ¿por qué me has desamparado? Y algunos de los que estaban allí decían, al oírlo: Mirad, llama a Elías. Y corrió uno, y empapando una esponja en vinagre, y poniéndola en una caña, le dio a beber, diciendo: Dejad, veamos si viene Elías a bajarle. Mas Jesús, dando una gran voz, expiró. Entonces el velo del templo se rasgó en dos, de arriba abajo. Y el centurión que estaba frente a él, viendo que después de clamar había expirado así, dijo: Verdaderamente este hombre era Hijo de Dios.

También había algunas mujeres mirando de lejos, entre las cuales estaban María Magdalena, María la madre de Jacobo el menor y de José, y Salomé, quienes, cuando él estaba en Galilea, le seguían y le servían; y otras muchas que habían subido con él a Jerusalén.

Cuando llegó la noche, porque era la preparación, es decir, la víspera del día de reposo, José de

Arimatea, miembro noble del concilio, que también esperaba el reino de Dios, vino y entró osadamente a Pilato, y pidió el cuerpo de Jesús. Pilato se sorprendió de que ya hubiese muerto; y haciendo venir al centurión, le preguntó si ya estaba muerto. E informado por el centurión, dio el cuerpo a José, el cual compró una sábana, y quitándolo, lo envolvió en la sábana, y lo puso en un sepulcro que estaba cavado en una peña, e hizo rodar una piedra a la entrada del sepulcro. Y María Magdalena y María madre de José miraban dónde lo ponían.

MATEO CAPÍTULO 15, VERSÍCULOS 33 AL 47.

(MATEO 15:33-47).

El relato de la resurrección en el Evangelio de Juan

El primer día de la semana, María Magdalena fue de mañana, siendo aún oscuro, al sepulcro; y vio quitada la piedra del sepulcro. Entonces corrió, y fue a Simón Pedro y al otro discípulo, aquel al que amaba Jesús, y les dijo: Se han llevado del sepulcro al Señor, y no sabemos dónde le han puesto. Y salieron Pedro y el otro discípulo, y fueron al sepulcro. Corrían los dos juntos; pero el otro discípulo corrió más aprisa que Pedro, y llegó primero al sepulcro. Y bajándose a mirar, vio los lienzos puestos allí, pero no entró. Luego llegó Simón Pedro tras él, y entró en el sepulcro, y vio los lienzos puestos allí, y el sudario, que había estado sobre la cabeza de Jesús, no puesto con los lienzos, sino enrollado en un lugar aparte. Entonces entró también el otro discípulo, que había venido primero al sepulcro; y vio, y creyó. Porque aún no habían entendido la Escritura, que era necesario que él resucitase de los muertos. Y volvieron los discípulos a los suyos.

Pero María estaba fuera llorando junto al sepulcro; y mientras lloraba, se inclinó para mirar dentro del sepulcro; y vio a dos ángeles con vestiduras blancas, que estaban sentados el uno a la cabecera, y el otro a los pies, donde el cuerpo de Jesús había sido puesto. Y le dijeron: Mujer, ¿por qué lloras? Les dijo: Porque se han llevado a mi Señor, y no sé dónde le han puesto. Cuando había dicho esto, se volvió, y vio a Jesús que estaba allí; mas no sabía que era Jesús. Jesús le dijo: Mujer, ¿por qué lloras? ¿A quién buscas? Ella, pensando que era el hortelano, le dijo: Señor, si tú lo has llevado, dime dónde lo has puesto, y yo lo llevaré. Jesús le dijo: ¡María! Volviéndose ella, le dijo: ¡Raboni! (que quiere decir, Maestro). Jesús le dijo: No me toques, porque aún no he subido a mi Padre; mas ve a mis hermanos, y diles: Subo a mi Padre y a vuestro Padre, a mi Dios y a vuestro Dios. Fue entonces María Magdalena para dar a los discípulos las nuevas de que había visto al Señor, y que él le había dicho estas cosas.

JUAN CAPÍTULO 20, VERSÍCULOS 1 AL 18.
(JUAN 20:1-18).

Epílogo:
Jesús ¿realidad
o ficción?

Nunca olvidaré una fascinante serie de conversaciones que mantuve hace unos diez años con un magistrado del tribunal de Nueva Gales del Sur llamado James. Se presentó en mi iglesia un domingo por la mañana, después de que le hubieran diagnosticado un cáncer agresivo, y quiso hablar con alguien. Dio la casualidad de que yo estaba allí. Y así empezó una bonita amistad con aquel paladín de la ley, un hombre apacible e inteligente.

Sería fácil ponerse cínico con un paciente de cáncer que se interesa por la religión, y sin duda la sensación de vulnerabilidad física que tenía James tuvo un peso específico en su decisión. Pero también me dijo que no hay nada como la sombra de la muerte que se cierne sobre uno para concentrar la mente y clarificar algunas preguntas importantes.

Al principio sus preguntas eran de índole totalmente intelectual, no espiritual ni emocional. Hablamos largo y tendido sobre las similitudes entre el juicio legal (el trabajo al que dedicó su vida) y la investigación histórica (mi ámbito laboral). Ambas disciplinas se basan en gran medida en *la evaluación de los testimonios*. Él reflexionó abiertamente sobre cuántas decisiones había tomado que habían transformado las vidas de otras personas, basándose en su evaluación de los testimonios de la defensa, los policías y otros testigos. En un tribunal, pocos son los casos que se sentencian basándose en "pruebas" claras (evidencia de ADN, huellas dactilares, etc.). Normalmente, los casos se resuelven (ya sea "más allá de toda duda razonable" o "por preponderancia de la evidencia"), gracias al testimonio humano en gran medida.

James leyó los Evangelios y algunas de las cartas de Pablo, y formuló buenas preguntas: ¿cuándo se escribieron esos documentos? ¿Quién los escribió? ¿Hasta qué punto "tuvieron contacto" los escritores con los hechos narrados? ¿Hasta qué punto concuerdan las afirmaciones de los diversos documentos? ¿Podemos estar seguros de que nadie ha manipulado el testimonio? ¿Hay alguna verificación externa? Y otras por el estilo.

Pertrechado con algunos detalles básicos sobre estas preguntas, James escrutó los Evangelios, no en fragmentos ni poco a poco, sino tal como lo haría un historiador para decidir la plausibilidad general de una fuente , que resultó ser tal como un juez evaluaría la credibilidad general de un testigo.

James consideró que el Nuevo Testamento era un testimonio fidedigno. En concreto, llegó a la conclusión de que las afirmaciones sobre la resurrección no eran ni mucho menos fraudulentas. De hecho, acabó pensando que la resurrección fue un evento real. Esto le proporcionó cierto consuelo y confianza al enfrentarse a su propia muerte. No es que tuviera la "experiencia del camino a Damasco" completa. Hasta el momento de su fallecimiento unos meses más tarde, James tuvo preguntas, dudas e incluso discrepancias sobre diversos aspectos del Nuevo Testamento. No estaba convencido de que la Biblia fuera "la Palabra de Dios", tal como lo entienden típicamente los cristianos. Pero estaba bastante convencido de que los retazos que narraban la vida de Jesús contenían testimonios fiables sobre un maestro y sanador de Galilea, cuyas afirmaciones sobre sí mismo inspiraron a algunos a seguirle y a otros a confabularse contra él, y que al final acabó en una cruz romana, antes de que sus seguidores más cercanos le declarasen "el Señor resucitado".

Las convicciones (o medias convicciones) de James sobre el relato acerca de Jesús estuvieron claramente motivadas, de forma consciente o no, por una serie de factores. Su enfermedad terminal y su esposa, una cristiana devota, sin duda hicieron que le pareciese deseable acercarse un poquito a la fe cristiana. Por otro lado, también era muy consciente de su reputación dentro de la fraternidad de abogados australianos, que le consideraba un juez con la cabeza fría. No quería que le conocieran por hacer algo aventurado o ilógico en sus últimos días de vida. Todas estas cosas, y otras más, fueron las que se le pasaron por la cabeza durante las últimas semanas de su vida. Tanto su confianza como sus dudas fueron el producto de factores intelectuales, psicológicos y sociales, tal como prevería la obra de Jonathan Haidt en *La mente de los justos*, y como esbozaba Aristóteles trescientos años antes de Cristo.

Vi a James pocos días antes de su muerte. Estaba en el hospital, sumido en un duermevela fruto de la morfina. Le dije: "James, soy John. ¿Me oyes? ¿Te importa si oro contigo?". Sacó la mano de entre las sábanas y aferró la mía. Oré un aluvión de palabras torpes, dando gracias por su vida, por nuestra amistad, porque James hubiera llegado a creer (en su mayor parte) que la vida, la muerte y la resurrección de Jesús eran reales *y significaban algo* en un momento como ese. Cuando pronuncié el *amén* final, James había vuelto a caer en su sopor químico. Dos o tres días más tarde falleció.

Me pidieron que oficiase el funeral de James a la semana siguiente. Fue todo un acontecimiento; en nuestra iglesia se reunió la crema y nata de la abogacía de Sídney. Era la misma iglesia que James había visitado por primera vez unos seis meses antes. Un orador tras otro elogió la carrera y el carácter de James. Repitieron: "Era un hombre con un juicio impecable". Cuando pronuncié el sermón funerario tuve el angustioso privilegio de transmitir a sus amigos y colegas algunos datos sobre el "juicio impecable" de James en sus últimos días. Tuve cuidado de no exagerar las cosas. Era consciente de que James se mostraba reacio a que lo considerasen un convertido en su lecho de muerte, pero también sabía que quería que contase a los demás que había analizado los relatos del siglo I sobre la vida, la muerte y la resurrección de Jesús, llegando a la conclusión de que eran "un buen testimonio".

EL QUID DE LA CUESTIÓN

Y esta es la conclusión doble de este libro. En primer lugar, el hecho de que una persona acepte o no la fe cristiana depende de mucho más que de la evidencia histórica (o de cualquier tipo de evidencia, ya puestos). Un libro de historia no puede convencer a nadie de que Jesús es el Hijo de Dios, hizo milagros, murió por nuestros pecados, resucitó para garantizarnos la vida eterna, y todo lo demás.

Que aceptemos (o rechacemos) tales cosas dependerá de nuestras experiencias vitales, nuestras preferencias, nuestro paradigma filosófico y nuestra composición psicológica, tanto como depende de cualquier evaluación objetiva de los hechos. Esto quiere decir que cualquiera que quiera examinar las afirmaciones únicas del cristianismo (que se centran antes en la persona de Jesús que en una filosofía religiosa, la moral o los rituales), debería hacerlo realizando una evaluación honesta de sí mismo además de las evidencias.

Por otro lado (y esta es mi segunda idea), las mejores líneas del razonamiento histórico moderno pueden conducir (y lo hacen, y probablemente *deberían* hacerlo) a los investigadores ecuánimes a la conclusión de que el Nuevo Testamento contiene un buen testimonio sobre la figura de Jesús. La fecha temprana de los documentos sale airosa de la comparación con otras fuentes antiguas. El mero número de copias manuscritas que se han conservado es impresionante. El estilo de los Evangelios encaja con lo que sabemos sobre la antigua biografía histórica. La corroboración entre las epístolas de Pablo y los Evangelios (así como entre las fuentes dentro de los Evangelios) sugiere una tradición oral razonablemente estable durante el periodo de entre veinte y sesenta años que medió entre Jesús y los documentos sobre él. Los retazos de evidencia procedentes de escritores no cristianos en el siglo posterior a Jesús también ofrecen algo aproximado a la corroboración de los hechos básicos. Y, por encima de todo, la figura retratada en los Evangelios encaja muy plausiblemente con todo lo que sabemos de su época y del lugar donde vivió; tanto los restos arqueológicos como los numerosos escritos griegos y romanos de aquellos tiempos dejan claro que los Evangelios hablan de una vida histórica genuina.

Incluso disponemos de la evidencia precisa que podríamos esperar si Jesús realmente resucitó de los muertos.

Una de las voces modernas más destacadas en la evaluación histórica de los Evangelios, Jens Schröter, de la Humboldt-University de Berlín, describe el creciente consenso entre los eruditos a lo largo de los últimos cuarenta años:

> *Dentro de la investigación moderna podemos distinguir una tendencia clara a conceder a los Evangelios el estatus de fuentes históricas, es decir, considerar que sus narraciones sobre Jesús (más allá de las convicciones de fe que sin duda hallan en ellas su expresión) son también relevantes según la perspectiva histórica. Esto supone un punto de inflexión en la investigación sobre*

Jesús, en tanto en cuanto durante mucho tiempo se les negó esa condición. Sin embargo, el juicio que dice que en última instancia los Evangelios son infructíferos para una exposición histórica de la actividad de Jesús, debido a su carácter kerigmático [es decir, "sermoneador"] o a su presentación literaria ya no puede convencernos. En lugar de eso, se las considera narraciones que se entretejen de diversas maneras con los sucesos subyacentes de la vida y el destino de Jesús de Nazaret.[37]

Es posible que el lenguaje que usa Schröter sea un poco frío y académico, pero su conclusión es que los Evangelios nos revelan no un mito de la Tierra Media, sino una vida real del Oriente Medio del siglo primero.

Al final, la historia no suele ser capaz de demostrar los detalles. Sin embargo, sí que es tremendamente eficaz para establecer la plausibilidad general de un evento o una persona del pasado. El análisis histórico puede conducirnos al juicio confiado de que el Nuevo Testamento nos ofrece un *buen testimonio* sobre Jesús de Nazaret. Jesús *es* una realidad histórica.

Me encantaría que este libro te ayudase a tener una opinión formada y clara para poder analizar las tonterías que dicen sobre Jesús los medios de comunicación populares modernos. Y me gustaría mucho pensar que quizá sea un acicate para tu interés y te induzca a leer los Evangelios por ti mismo. Mientras hagamos esto prestando atención a las evidencias, por un lado, y conscientes de nuestros propios prejuicios y preferencias por otro, algunos de nosotros bien podrían descubrir que Jesús *no solo es historia*.

---

37   Jens Schröter, *From Jesus to the New Testament* (Baylor University Press, 2013), p. 96.

Bibliografía adicional

Es posible que algunos lectores quieran dejar en la página anterior su estudio del Jesús y de la fe cristiana. Otros quizá quieran saber qué leer ahora. A continuación incluyo unas pocas recomendaciones para distintos tipos de persona.

Los Evangelios

Creo que todo el mundo, al menos una vez durante su vida adulta, debería leer los cuatro Evangelios. Estos son las biografías de Jesús del siglo I, y han sido tremendamente influyentes en la historia del mundo occidental (y cada vez más en Asia y África). La lectura de los Evangelios te dará una imagen clara de por qué la figura de Jesús ha sido tan retadora, tan admirada y tan amada (y también tan aborrecida) durante los últimos dos mil años. Estas son algunas sugerencias de por dónde empezar:

- **Mateo** parece haber escrito principalmente para un público judío, y hace numerosas referencias a la Torá o Tanaj, lo que los cristianos llaman el Antiguo Testamento.
- **Marcos** es el más breve de los Evangelios, y seguramente el más temprano. Lo puedes leer en una hora y media en una sola sesión, pero, como pasa con los otros, vale la pena

leerlo con más calma para reflexionar sobre el significado de los episodios que narra y sobre las palabras de Jesús.

- **Lucas** es quizá el tipo de literatura que resulte más familiar para el lector moderno occidental, y lo sugiero como punto de partida de tus lecturas (aunque es el más largo de los cuatro Evangelios).
- **Juan** está organizado de una forma muy distinta de los otros tres Evangelios. Se trata de la misma narrativa histórica básica, incluyendo amplias secciones de enseñanzas de Jesús. Sugiero que leas este *después* de los otros.

Libros

Mi libro favorito sobre Jesús, el de mayor calado histórico, y el que recomiendo a mis alumnos por encima de todos los demás, es...

- James D. G. Dunn, *Jesús recordado* (Editorial Verbo Divino, 2009).

Un repaso realmente sencillo de la mejor erudición sobre Jesús, que solo ocupa 120 páginas, es...

- Richard Bauckham, *Jesus: A Very Short Introduction* (Oxford University Press, 2011).

Un manual excelente sobre Jesús, que estaría en un punto intermedio entre Dunn y Bauckham respecto a su nivel académico, es...

- Graham Stanton, *Jesús y el evangelio* (Desclée de Brouwer, Temas Bíblicos, 2008).

Uno de mis libros favoritos entre los análisis recientes sobre la cuestión más amplia de la existencia de Dios y la relevancia de la fe en nuestra época secular es...

- Timothy Keller, *La razón de Dios: Creer en una época de*

escepticismo (Ediciones Andamio, 2014).

Una defensa clásica de la creencia cristiana común es...
• C. S. Lewis, *Mero cristianismo* (Ediciones Rialp, 1995).

Un argumento a gran escala en favor de la existencia de Dios es...
• David Betley Hart, *The Experience of God* (Yale University Press, 2013).

Mi propia exposición para el gran público sobre la vida de Jesús y el contenido esencial de la fe cristiana es...
• *Simply Christianity: Beyond Religion* (Matthias Media, 1999).

También he escrito una introducción a la totalidad de la Escritura cristiana, Antiguo y Nuevo Testamento:
• *A Doubter's Guide to the Bible* (Zondervan, 2014).